图解服务的细节

009

お客様を虜にする「三つの満足」

摸过顾客的脚才能卖对鞋

[日]久保田美智子 著
赵小平 译

人民东方出版传媒
People's Oriental Publishing & Media
東方出版社
The Oriental Press

图书在版编目（CIP）数据

服务的细节 009：摸过顾客的脚，才能卖对鞋 /（日）久保田美智子 著；赵小平 译. —北京：东方出版社，2013. 7

（服务的细节）

ISBN 978-7-5060-6494-1

Ⅰ. ①服…　Ⅱ. ①久…　②赵…　Ⅲ. ①零售业—销售服务　Ⅳ. ①F713. 32

中国版本图书馆 CIP 数据核字（2013）第 147230 号

服务的细节 009：摸过顾客的脚，才能卖对鞋
（FUWU DE XIJIE 009：MOGUO GUKE DE JIAO，CAINENG MAIDUIXIE）

作　　者：［日］久保田美智子
译　　者：赵小平
责任编辑：崔雁行　高琛倩　周春芳
出　　版：东方出版社
发　　行：人民东方出版传媒有限公司
地　　址：北京市朝阳区西坝河北里51号
邮　　编：100028
印　　刷：北京市大兴县新魏印刷厂
版　　次：2013 年 7 月第 1 版
印　　次：2019 年 8 月第 4 次印刷
开　　本：880 毫米×1230 毫米　1/32
印　　张：4
字　　数：74 千字
书　　号：ISBN 978-7-5060-6494-1
定　　价：22. 00 元
发行电话：（010）85924663　85924644　85924641

目　录
contents

前言
给予顾客“三项满足”

我从 18 岁开始从事销售工作直到退休，36 年间一共接待了几万名顾客。现在，我要把多年积累的销售经验与技巧，通过培训或者演讲的方式介绍给各位。无论培训还是演讲，每次我都要跟大家说这样一句话：“给予顾客三项满足。”这句话本来是我在听某个演讲时学习到的，因为感觉自己的工作中也存在着与之“形异而神似”的特点，于是便开始引用这句话。

相信每个人都有这样的经历：恰巧路过某家商店，被展示的精美物品吸引，或者橱窗里刚好摆放着自己中意的东西，于是不由自主地进入店内。如果这时店员能热情地说一句“欢迎光临”，耐心接待，并能提供一些实用信息的话，即使你原本没有购买愿望也会想“买一个试试吧”。心情愉悦才会买东西，这是给予顾客的第一项“满足”。

买完东西带回家后：“尝了一下，味道真不错”；“跟裤子一搭配，非常合适”；“穿着特别舒服”等等。收获这份惊喜时，顾客就体会到了店员给予自己的、一个人无法体会到的喜悦，这是给予顾客的第二项“满足”。

接下来，朋友会问你“这个葡萄酒真好喝，在哪儿买的”，“这件衣服太适合你了，在哪家店买的”，“你的鞋真漂亮，我也想买一双”等等。当自己买的东西得到好评的时候会回答：“其实，我也是因为那家店的店员给我建议才买的，下次我带你去。”

让顾客觉得脸上有光，忍不住想带别人再去购买，这是给予顾客的第三项“满足”。

购物过程的满足、对所购商品的满足以及对所购商品引以为傲并想再次购买的满足，构成了我所说的给予顾客的“三项满足”。

前两项“满足”并不难，只要商品好、货源充足、卖场地段好和价格便宜就能做到。

问题是第三项“满足”。不但要让顾客对所购买的商品引以为傲，还要让顾客产生再次去那家商店购物的冲动，给予顾客这样的满足不是一件容易的事。但是，只有做到这一点，才能让顾客在真正意义上得到满足。零售业竞争激烈的今天，为了实现与其他商场的差别化，更应该重视“提供给顾客的服务”。而为顾客提供服务的不是别人，正是各位店员。服务业的人员一定要具备这一意识。

因为我一直在鞋类卖场工作，所以本书主要以鞋为例来说明接待顾客的方法。但是，在把商品卖给顾客这一点上，无论哪个卖场都是一样的。在与顾客的对话当中，准确把握顾客所要购买的商品，并把商品展示给顾客，这一点无论是服装卖场还是食品卖场，都是相同的。相信随着阅读的深入，读者一定会逐渐体会到这一点。

接待顾客的工作，有着独特的魅力，一旦体会到其中的乐趣，就再也不会考虑其他职业。特别是当顾客向自己表示感谢的时候，更是能够从内心深处感受到这份魅力。

对于无论是正在从事销售工作的人员，还是即将从事销售工作的人员，衷心希望你们都能够阅读此书。为了让越来越多的店员能够听到顾客说“下次买东西我还找你，谢谢”，我把自己职业生涯的全部经验都浓缩在这本书里，希望能对各位有所帮助。

久保田美智子

第1章

欢迎来到我的卖场

有多少名顾客就有多少本“待客指南”

每天都会有形形色色的顾客来到女鞋卖场。她们有的想买休闲时穿的鞋，有的想买上班穿的鞋，有的想买参加晚会穿的鞋，或者正式场合穿的鞋、红白喜事穿的鞋、应聘穿的鞋等等，目的各不相同。

我1973年被分配到西武百货商店的女鞋卖场，直到2003年退休为止，加上指导后辈的时间，在这30年左右的时间里，我都在卖鞋。

虽然我是在百货商店的女鞋卖场工作，但我认为，无论是百货商店，还是大型购物中心的专卖店，或者是街上的小鞋店，在卖鞋这一点上，没有本质的区别。顾客来买鞋，店员负责接待，从众多商品中选择适合顾客的鞋卖给顾客，这种过程与方式在哪里都是相通的。

然而，实际情况中有的卖场卖得好、有的卖场卖得不好；有的店员有很多回头客，有的店员却没有回头客。

比较一下其中的差异，原因就在于店员接待顾客的方式。接待顾客方式的好坏、是否准确恰当以及是否细致周到，决定了店员能否被顾客接受。

即使是同一个卖场，由于顾客的需求不同，所选购的商品也不同。尤其是鞋这种商品，不合适顾客的脚就卖不出去。每个人的脚型不同，适合的鞋子也不同，所以待客的方式也不可能相同。

其实接待顾客并没有固定的方法。所谓的“待客指南”都是店员经过自我思考而形成的。我也在卖场工作的过程中，每天从顾客身上学到不少东西，形成了自己的“待客指南”。因为接待的顾客数字庞大，接待每位顾客的方式各不相同，所以我认为，有多少名顾客就有多少本“待客指南”。

对鞋子了解甚少的我们

虽然每天都穿鞋，但是我们究竟对鞋了解多少呢?应该说大多数人对鞋还不够了解吧!

“刚穿的时候有点疼，过段时间皮子撑开就好了”，“买稍大点的鞋脚就不疼了”，“傍晚的时候脚有些浮肿，这个时候买鞋最好”，这些说法现在还很流行。直到现在，人们还认为穿新鞋脚疼是理所当然的，有的店员甚至会说:“出门带着创可贴吧，习惯了就好了。”

出现这样的情况，最大的原因就是日本的鞋业历史比较短吧。欧美人几百年前就有了穿鞋的习惯，而日本人却是二战后才开始正常穿鞋的，至今不过半个世纪的时间而已。不仅如此，欧美人除了洗澡和睡觉之外，整天都是穿着鞋的。而日本人正相反，在家有脱鞋的习惯，在外面即使脚疼也会想着“坚持到家就好了”，所以对鞋的意识相对淡薄。在这一点上，欧美人则不同。对欧美人来说，鞋合不合脚是件大事，所以他们选鞋的时候非常认真，往往会花费时间反复挑选才购买。

能做到这一点，正是因为欧美人自身对鞋比较了解。在欧美家庭，由祖父母到父母，再到子孙，鞋的正确穿法和选法，以一种自然的形式代代相传。因此，即使不用店员讲解，自己也能找到合适的鞋。

曾经有人跟我说过这样一件事。在意大利的一家鞋店，顾客对店员说：“请给我找一下这款鞋的某某尺码。”他听到后非常惊讶：怎么在欧洲也是直接说尺码的吗？

我觉得这和日本还是有区别的。欧美人因为对鞋十分了解，所以才会直接对店员说尺码。

我本人在卖场也有过切身体验。面对一位法国顾客，当我用接待日本人的方式去接待她时，她说：“法国是一个在鞋方面具有悠久历史的国家，我在那里出生并且长大，所以非常了解鞋子的穿法和选法，我自己能够判断尺码是否合脚，你只需告诉我颜色和款式如何就可以了。”

那个时候，我再次意识到欧美人对鞋子的了解水平之高。

工作难度最大的卖场

从日用品到奢侈品，商场里有各种各样的卖场。 其中可以被称为“工作难度最大的卖场”恐怕要数鞋类卖场了吧。 因为这个卖场发生鞋子不合脚或脚疼等问题的可能性很大。

顺便说一句，我在百货商场工作的时候，女鞋卖场、化妆品卖场和内衣卖场被称为“三核卖场”。 这三个卖场都以女性顾客为主，是当时的核心卖场。 商场要求这三个卖场，无论是在营业额还是在服务水平方面，都不能输给其他卖场。 即使是现在，鞋类卖场仍然因为卖鞋难和必须提高营业额这两点而被称为责任重大的卖场。

既然被分配到这样的卖场，为了避免发生纠纷，我认为各位店员应该努力学习有关鞋的正确知识。 如果店员成为专业人士，掌握了鞋和脚的相关知识，就不会向顾客推荐容易弄伤脚或者让脚疼的鞋子，问题自然就会减少。

话说回来，大家知道“售鞋顾问”这个词吗?

所谓“售鞋顾问”，是指能够根据不同顾客的脚的情况，帮助顾客选择具有不同目的和功能的鞋，这样的店员就被称为“售鞋顾问”。 自 1985 年“日本鞋综合研究会”（现称“脚与鞋健康协议会”）主办的第 1 期 64 名售鞋顾问诞生以来，至今已有大约2 600名售鞋顾问，活跃在全日本的百货商场和专卖店。 我也是第 1 期的售鞋顾问之一。当时，参加者只有我一名女性，所以我就成了日本第一位“女性售鞋顾问”。

如今，几乎所有的百货商店都有售鞋顾问了。甚至有些地方把售鞋顾问的认定证书或者有售鞋顾问姓名及照片的招牌挂在显著位置，售鞋顾问已经成为鞋类卖场不可或缺的存在。

不光是售鞋顾问，每一名店员都必须认识到自己就是“鞋与脚的医生”。

寻找理想的鞋

无论身处什么卖场，根据顾客的需求和愿望，提供合适的商品，就是我们店员的工作。而在鞋类卖场，最重要的就是为顾客挑选合脚的鞋。但是，如果是成品鞋的话，想做到这点非常困难，如果一定要买完全合脚的鞋的话，只能特别订购适合自己的楦子，让厂家根据楦子做鞋，也就是通常所说的“订制”。

那么，为什么没有完全合脚的鞋呢?

比如说，女鞋一般从 21. 5 厘米到 26 厘米左右，每隔 5 毫米为一个号码。但实际上，人脚的长度有的是 22. 8 厘米，有的是 23. 2 厘米等等，并不那么标准。如果选择 23 厘米的鞋子的话，当然就会出现要么比脚大 2 毫米，要么比脚小 2 毫米的情况。而且，一般来说，人的两只脚，长度和宽度是不同的。但是左右两脚鞋的尺码却是相同的，所以无论按照哪只脚的尺码来选鞋，总会有一只脚的鞋或大或小。因此，单凭这一点就可以说，没有百分百合脚的鞋。

但是，顾客却是抱着“想买完全合脚的鞋子的心态而来的。对这样的顾客，不能直接说“没有那样的鞋”。虽然不能百分百合脚，但是如果能尽最大可能为顾客挑选的话，顾客就会觉得这双鞋就像为自己订制的一样合脚。

要想为顾客选到合适的鞋，就要在接待顾客的短时间内，准确把握顾客脚的特征、顾客的需求、想法、款式等必要信息。掌握的信息越少，就越难帮顾客选到合适的鞋。

这样看来，卖鞋真不是一件简单的事情，没有丰富的知识是做不好这份工作的。话虽如此，其实我们必须要掌握的东西并不难，都是一些小事，只要用心谁都能做得到。可是，这些“小事”却没有在卖场中得以实践。如果店员能够在卖场做到这些的话，顾客一定会想：“下次我还来这家店，还让那位店员帮我选鞋。”

这些道理并不只限于鞋类卖场，其实在哪个卖场都一样。一件微不足道的“小事”，却可以抓住顾客的心，决定顾客能否成为回头客。这也是我在本书中想要告诉读者的要点。

“共鸣”——接待顾客的第一步

各位店员，想必大家没有一个人是因为讨厌鞋才选择这份工作的吧。既然选择了卖鞋这份工作，就请你全心全意地爱上它，也请你为了顾客多学点知识。无论多么精美的鞋，如果不合脚，它就只能是一件仅供欣赏的物品。穿上时髦的鞋是每位女性朋友的梦想，我们的目标就是帮助这些女性实现她们的梦想。

女性在鞋子上寄托了她们非同寻常的梦想。不管衣服多么合身，如果鞋子不合适或跟衣服不搭配的话，她就会觉得外出本身就是一种痛苦。相反，如果穿着自己中意的鞋出门，她甚至会忍不住炫耀：“快来看看，我这双鞋很不错吧！”

可见，鞋子对女性心理的影响非常大。

就我本人而言，我非常喜欢浅口鞋，就算老了也会常穿浅口鞋和牛仔裤。我非常注意保护自己的脚，在鞋的选择和穿鞋方法上也非常谨慎。脚上穿着自己喜欢的浅口鞋，神清气爽地在街上漫步，心情也会变得特别好！

诚然，鞋是用来走路的工具，但同时也是时尚的元素之一。正因为如此，有些女性希望尝试鞋跟 8 厘米的高跟鞋。对此，店员必须首先理解这种心情，而不应该立刻说“您是什么样的脚型，所以只能穿什么样的鞋子”这样否定的话。

“真想穿上这样漂亮的鞋啊！”——**与顾客产生共鸣，这是接待顾客的第一步。**

想穿漂亮的鞋，想穿着漂亮的鞋出去走走。顾客满怀这样的梦想来到卖场。正因如此，如果你的接待不能让顾客满意，顾客就会觉得自己的梦想被你毁掉了，会想“再也不去那家店了”。

为了帮助顾客实现她们的梦想，希望各位店员认真接待每一位顾客，务必满足顾客的需求。

感谢您的光临

无论顾客是随便逛逛，还是特意来到卖场，都是一件让人高兴的事。我觉得最后买不买没有关系，顾客来到卖场，这件事本身就值得感激。

店员要把卖场当作自己的家。顾客来到卖场，就如同自己家里来了客人，作为一家之主，理应站在门口欢迎客人光临。什么招呼也不打，摆出一副漠不关心的态度，这样的主人是不可能存在的。

卖场也是如此。“欢迎来到我的卖场”，“欢迎您来，快请进”，这才是欢迎顾客的方式。而最能体现对顾客感激之情的，正是“欢迎光临”这句话。

“欢迎光临”这句话在各家商店和各个卖场都能听见，但是总感觉太流于形式，好像只是习惯性地脱口而出，并没有包含真正的感激之意。甚至有些店员根本不看顾客，只是跟着别的店员顺嘴喊一句而已。

确实，刚成为店员的时候，谁都觉得怎么也张不开嘴说“欢迎光临”。也许是怕被别人听见不知如何是好吧，即使说也不敢看着顾客，紧张得声音发抖。

据统计，边说“欢迎光临”边向顾客鞠躬致意，从低头到抬头的时间仅为 0.6 秒。但是如果是发自内心地感谢顾客光临的话，这个时间足以把感谢之意传达给顾客了。相反，如果只是机械性地说一句“欢迎光临”，对顾客的心里不会产生任何影响。顾客特意来到卖场，如果对此怀有感谢之意的话，就算顾客最后什么也没买，店员也不会对顾客态度冷淡的。我曾经历过这样的事情。去买衣服的时候，对方一发觉我不想买，就马上把衣服叠起来，好像根本不给我慢慢挑选的时间似的，最后我什么也没买离开了那家店。

开始的时候，说“欢迎光临”可能需要勇气，但是明媚的笑脸和愉快的“欢迎光临”的声音，对打造一个充满活力的卖场来说是十分关键的，所以一定要铭记这一点。

不怂恿、不奉承，只说该说的话

很多顾客好像很了解自己的脚，但其实并不知道自己真正的尺码是多少。 大多数顾客只是觉得自己应该是多少尺码的，实际测量之后才大吃一惊道：“啊，22.5 厘米？ 我一直以为是 23 厘米呢！”

另外，有的顾客张口就说：“我想要尖头鞋。”光考虑自己的喜好，根本不考虑是不是适合自己的脚。

这种时候，有的店员认为“反正是顾客自己喜欢”，所以选择缄口不言。 但是，不管多漂亮的鞋，首先必须合脚。 硬要选择某个款式或者某个尺码，只会让鞋和脚看起来更难看。 因此，这个时候，我一定会向顾客说明：“您的脚比较丰满，要是选择尖头鞋的话，脚和鞋看起来都不好看。 您的脚圆润丰满，充满了女人味，尝试一下能体现自身特点的、柔和一点的款式怎么样？ 看看到底哪款看起来更漂亮。”

听我这样一说，顾客站在镜子前面一看，肯定就会选择穿起来漂亮的那双鞋。

真诚地对待每一位顾客，既不特别的怂恿，也不特别的奉承。

“这双鞋好漂亮，我要不要买呢？”多年来关系一直不错的一位顾客这样问我的时候，我坦率地告诉她：“这双鞋的颜色和您衣服的颜色不太搭配呀。”

“既然你这么说，那我就不买了。 你从不会把不合适的东西强卖给我，所以我信得过你。”顾客心中也知道，我是真心实意地为她们选择合适的鞋。

但是也有这样的店员，哪双鞋都说好，顾客禁不住诱惑买下了，之后又后悔地说：“到那家店去买东西，店员总是说这个也适合我那个也适合我，等我买下来却发现和我的风格一点不搭，根本没法穿。”

我是绝对不会为了提高营业额而一味地奉承顾客、怂恿顾客买东西的。正因为我时刻以此为信念，所以顾客都说：“有你这样的店员接待我，我太高兴了，我会再来的！”“遇到你这样的店员，真是太好了！”

听到顾客这样说，其实我比顾客还高兴，而且和这些顾客的交往也很长久。

跪式服务才是待客之道

有这样的说法：“不要去店员膝盖不脏的鞋店。”这充分体现了店员对顾客脚部的关注程度。

我认为鞋类卖场接待顾客有必要采取跪式服务。有的地方店员站着把鞋拔子递给顾客，让顾客自己穿鞋，但我认为“膝盖不脏”的待客方式不是真正的待客方式。

我经常对店员说：“凡是来到鞋类卖场的顾客都是女王和公主，我们必须作为仆人为她们服务。我现在触摸的是公主殿下的脚，抱着这样的心态，你就不会觉得跪式服务辛苦了。”

而且，我认为鞋本身就是为别人穿的，所以不应该把鞋拔子递给顾客让顾客自己穿鞋。 跪式服务可能会让顾客觉得受宠若惊，但我希望亲手确认一下顾客脚的软硬程度、是否爱出汗、脚趾形状、脚跟是否踩牢等情况。 要想选择一双合适的鞋，这些都是必须要考虑的。

图 1-1　鞋子卖场应采用跪式服务

另外，在现场接待顾客时，根据不同的顾客调整自己的言行举止，这一点也非常重要。 比如说，大家很容易认为，挺直身板说话比较好，其实不然。 如果顾客和店员身高相仿也许还好，但如果顾客身材娇小的话，听店员说话就比较吃力。 我本人身高 164 厘米，所以单是弯腰方式这一点就非常重视，面对身材娇小的顾客，我绝对不会站得笔直地和顾客说话，而是一定要退后一步。

图 1-2　根据顾客的身高调整姿态

说话方式也一样。 顾客说话快，店员也要稍微加快语速；顾客说话慢，店员就要适当放慢语速；顾客声音大，店员也要适当提高语调；顾客声音小，店员就要降低自己的语调。 总之店员要与顾客保持同步。

说到接待顾客，大多数人认为应该做事干脆利落，但是面对文雅端庄的顾客，店员做事太过麻利，容易产生不和谐的感觉，顾客也会觉得心里不舒服。

不光是举止，店员也要时刻注意自身仪表，制服穿着要得体，鞋子也如此。 就像顾客对穿着品牌女装的店员的衣服感兴趣一样，其实对鞋子卖场的店员穿什么鞋也会暗暗关注。 因此店员一定要注意检查鞋子的保养情况以及尺码是否合脚，决不能偷懒。 再者，如果店员穿的是卖场里的鞋，一旦顾客问起穿着的感觉，店员因为有切身感受，也容易为顾客提供建议。

不能一开口就问顾客的尺码

经常听到店员这样问顾客：“可以的话，我帮您找一下您的尺码好吗？”突然这样一问，顾客会是什么心情呢？ 也许会觉得这是店员在催促自己吧。 本来还想再慢慢转转看看呢，结果好像是催促自己“快点买吧”似的。没准儿顾客还会心生反感。

如果店员对顾客说：“请您慢慢看。”又会如何呢？顾客会觉得“看来我不用着急买啊，仔细看看吧”，心情一定会很舒畅。

为什么店员开口就说“我帮您找一下您的尺码”呢？这是因为店员想要卖鞋的心情过于强烈，语言将这种心情表露无遗。

我从来没有在说完“欢迎光临”、刚与顾客有目光接触就急着把鞋卖给顾客。 我总是想着和顾客先聊点什么。 要为顾客选择一双合适的鞋，需要了解很多信息，这些信息只有通过与顾客交流才能获得。

通过“可以的话，我帮您找一下您的尺码好吗？”这句话，只能了解顾客的脚部尺码这一个信息。如果顾客喜欢这个尺码的鞋会说：“好，就这个吧。”不喜欢的话就会说：“算了，下次再买吧。”一切到此结束。店员因为没有掌握尺码以外的信息，也无法向顾客介绍其他的鞋子。顾客特意来买鞋，却只能空手而归。

另外，还有一种做法也是不可取的。店员看见顾客手里拿着鞋，马上就过去问：“您要选什么样的鞋子？”这种时候，顾客可能会回答：“我想要双这样的鞋子。”于是店员就找来相似的鞋拿给顾客。但是，这双鞋未必能让顾客满意，顾客只好又去看别的鞋。如此反复。

这种情况下，店员了解到的只是顾客想要什么样的鞋，为了满足顾客的需求，店员只好没完没了地找类似的鞋子。如果还找不到的话，顾客就会觉得：“这家店没有我想要的鞋，还是去别的店看看吧。”

顾客买不到鞋，失望而归。店员因为不了解顾客的其他信息，也只好眼睁睁看着顾客离开。

之所以会让顾客空手而归，最大的原因就在于店员太急于卖鞋，以至于没有了解到必要的信息。

以自己的脚为标准，了解鞋的信息

如果店员要想为顾客提供建议的话，除了需要了解顾客的信息之外，还有一点很重要，那就是对卖场商品的掌握。无论多么了解顾客的喜好和需求，如果不知道商品所处的位置，找起来就会很费时间。

“刚才给您介绍的三双鞋好像都不太合适，我再去找一找，您坐在这儿稍等一下好吗？”店员赶紧去找合适的鞋。至于找鞋的速度，就取决于店员平日里对卖场里的鞋及其特征的了解程度。

为了做到这一点，我采取的方法是，用自己的脚来一一确认。特别是新到货的商品，上架之前一定要逐双确认。开店前、闭店后、没有客人的时候等等，我就以自己的脚为标准，凭感觉记住鞋的特征。如果穿上觉得紧的话，说明这双鞋适合比我脚瘦的顾客，如果觉得松的话，我就可以把这双鞋介绍给比我脚肥的顾客。如此反复，我用自己的脚，来了解每双鞋的特征，并记住这些特征。

每个厂家的不同特征也可以用这种方法来掌握。即使标识相同，不同厂家的鞋子在尺寸和余裕（鞋长减去脚长或脚趾尖到鞋尖的距离。——译者注）上也会有微妙的差异，所以 A 品牌的鞋比标识尺码稍大，B 品牌的鞋比标识尺码稍小等，都可以通过我的脚感觉出来。即使同是 24 码的鞋，品牌不同，我也可以马上判断出来该给顾客拿大一码的鞋还是小一码的鞋。而且，就算哪个尺码卖完了我也能做到随机应变。

如果能够完全掌握卖场里商品的情况，不但可以成为深受顾客信赖的店员，还可以充满自信地向顾客提议："虽然您选的是这双鞋，但从您的气质来看，我觉得这双鞋也很适合您，所以一起拿过来了，您要不要也试试？"

利用开店前的扫除等时间，用自己的脚去试鞋，记住鞋的特征，这在接待顾客的时候肯定能派上用场。

指导性销售是待客的基础

在鞋类卖场，经常可以看见这样的情景：顾客要哪件商品，店员就拿哪件商品，顾客问什么，店员就答什么。这虽然也是在接待顾客，但是却不能称之为指导性销售。鞋子是一种复杂的商品，所以在鞋类卖场，指导性销售是待客的基础。

"指导"这个词包含着"商量"、"征求意见"等含义。指导性销售可以解释为："了解顾客需求，给予参考意见，进而销售商品的方法。"也就是根据顾客的类型、心理、需求和愿望，向顾客推荐最合适商品的销售方式。为顾客创造一种可以安心轻松购物的良好氛围，在轻松愉悦的对话中，充分了解顾客对商品的需求，提供真正能让顾客满意的商品，这就是指导性销售。

指导性销售由以下五个步骤构成。

1. 积极（动态）待客与问候。

2. 观察、联想、接近。

3. 确认需求，提供商品。

4. 试穿。

5. 送别。

第 1 步“积极待客与问候”时，店员要时常走动，创造出一个令顾客可以轻松进入的环境（这就是动态待客）。一旦顾客来了，不管手头正在做什么，都要顾客优先，跟顾客打招呼，留下良好的第一印象。

第 2 步“观察、联想、接近”时，不要马上跟顾客打招呼，在顾客浏览商品的过程中，首先要认真观察，为接下来的接近顾客和提供商品做好准备。其次才是接近顾客，店员要主动接近顾客，创造机会让顾客认可自己，有问题能马上向自己咨询。

第 3 步“确认需求，提供商品”时，要通过看似若无其事的对话，了解顾客的需要（表面的）和需求（潜在的），进而把握商品选择的先后顺序。然后，在确认顾客的需求和了解顾客脚部情况的基础上，为顾客提供最合适的商品。

第 4 步“试穿”时，店员要充分利用自己掌握的顾客信息和鞋子知识，确认顾客的试穿情况。如果不合脚，店员要综合考虑顾客的需求和脚部情况、愿望等因素，再次为顾客推荐其他商品。

第 5 步“送别”时，店员要珍惜顾客购物给自己带来的满足感，真心实意地与顾客道别，为顾客的再次光临制造契机。

在鞋类卖场，一方面为顾客创造一个可以轻松浏览商品的氛围，另一方面要通过与顾客的对话了解顾客的需求，进而为顾客选择合适的鞋子，这种指导性销售才是待客的基础。

一动一静——两种接待顾客的方式

刚才提到指导性销售时使用了“积极（动态）待客”这个词，接下来我想稍微详细地解释一下。

对一个卖场来说，有没有顾客光临是一件很重要的事情。不仅包括那些一开始就有购买目的的顾客，还包括很多只是想“进去随便看看”的顾客。为了尽可能多地招揽顾客，首先最重要的就是要有一个顾客愿意上门的环境，而创造这种环境的手段就是动态待客。

动态待客，用一句话来概括，就是店员要时常走动。我在担任卖场负责人的时候，经常说的一句话就是“让身体动起来”。边整理商品边确认商品价格，用手触摸商品、了解商品的尺寸、材质、特征，重新摆放一下展品等等，总之要让手动起来，让身体动起来。

如果店员一直在动的话，顾客看到的就会是一个充满活力的卖场。同时，店员对顾客的举动也能迅速应对，停下手里的活儿，一句“欢迎光临”，店员已经来到了顾客身边，顾客看一眼架子上的鞋，店员的视线也能马上跟过去，就这样，店员一直处在动态的话，就能比较容易观察顾客，知道顾客在寻找什么样的鞋子。

不过，并不是哪个卖场都适合动态待客。有些卖场需要采取完全相反的“静态待客”的方式，比如珠宝卖场和服装卖场等高档商品的卖场。比如说珠宝卖场，店员站在陈列着商品的玻璃柜橱后面，基本一动不动。顾客来到柜台前面，店员才说一句“欢迎光临”，声音也不会很大。在一种安静祥和的氛围下购买高档商品，这样的卖场需要采取“静态待客”的方式。

如上所述，根据卖场的不同，待客方式也应有所不同。

鞋类卖场要求店员时常走动，所以需要采取动态待客的方式。但事实上，经常能看见站着发呆而一动不动的店员。顾客不得不来到店员身边问：“这款鞋还有别的颜色吗？”

店员站在那里发呆，不知道在想什么，这样的卖场，顾客们会愿意来吗？

鞋类卖场为了创造一种顾客愿意光临的环境，需要采取动态待客的方式。所以不管多忙，务必让身体动起来，迎接顾客的到来吧！

第2章

从迎来到送往

边扫除边思考：这双鞋适合什么样的顾客

在本章中，我将具体介绍一下从顾客进店到离开期间的接待顾客的方式。

一说到接待顾客，感觉应该是等顾客来到卖场才开始，但实际上，在开店前扫除的时候就已经开始了。如果 10 点开店，我一定会至少提前 30 分钟来到店内打扫卫生。扫除时间对我来说也是非常重要的。

当然了，把卖场打扫得干干净净也是为了迎接顾客的到来。柜子、架子等用具，沾有指纹和污点的玻璃，灰尘特别显眼的鞋垫等等，都要认真擦拭干净，为开店做好准备。在做这些工作的同时，我的大脑也没闲着，对鞋子进行着思考。

“什么样的人会穿这双鞋呢”，“这种染色方式一定很难吧”，“这样的针脚不好缝吧，一定是高手的绝活”，“这双鞋穿起来一定不错”等等，我用观察者的眼光，去发现这些鞋子的可爱和独特之处。

即使在开店之后我也一直在继续这种观察方式。

“今天我想卖出这双鞋，会不会有适合它的顾客光临呢？”这样想着，我自然而然地朝入口望去。一旦发现了这样的顾客，不由得激动万分：“啊，适合它的顾客真的来啦！”

如果每天都能感觉到自己对鞋的感情、对做鞋的手艺人的感情以及对买鞋的顾客的感情的话，对鞋的依恋之情就会不断涌上心头，心里更想设法找到适合这双鞋的人。

顺便问一句，在开店之前你的扫除做完了吗？

有很多人是开店之后才开始扫除的，这样的话，又要扫除，又要接待客人，乱糟糟的，心里也不安稳。开店之后必须把全部心思都放在顾客身上，所以扫除一定要在开店之前完成。

另外，在开店之前确认一下价格价签是否齐全、货源是否充足也很重要。比如说，三种颜色的鞋子，前一天卖掉一双，但是忘了补上。就这样开门迎接顾客是不行的。所以在开店之前一定要确认一下鞋子的数量。

认真观察，了解顾客喜好

扫除和早会结束以后，就到了开店时间。

一旦有顾客进门，店员无论正在干什么，都要停手，身体朝向顾客，注视顾客的眼睛，微笑致意：“欢迎光临。”然后，像要给顾客带路一样，稍微向后移动身体。因为人都有跟着活动的物体行动的习惯，这样做就可以不着痕迹地把顾客带到卖场内。

图 2-1　将顾客引导至卖场内

我有一个习惯，从顾客进入卖场的那一瞬间开始观察顾客：大概多大年纪、穿什么色系的衣服、什么样的鞋子、什么样的装扮等等。

从顾客进店的动作也能了解一些信息：风风火火地进来的顾客，大多已经决定了要买什么；相反，慢悠悠进来的顾客，基本上是进来随便看看而已。

对第二种顾客，说过“欢迎光临”之后，再加上一句“请慢慢看”，然后让顾客在店里随便看就可以了。而对那些有购物目的的顾客，则应进入观察阶段，要了解她们的喜好等必要信息。

顾客悠闲地选购商品的时间，对店员来说非常重要。利用这段时间，店员可以仔细观察顾客，为之后的打招呼和接待顾客做好准备。

“观察”的目的是为了了解顾客的喜好和属于哪种类型。 可以从顾客的发型和衣着来推测顾客的职业。 如果顾客穿着很有女人味的礼服裙，说明顾客是一位温柔端庄的女性。 顾客风格和喜好，会体现在她的衣着、发型和首饰等方面。 鞋子也是其中的一环。 通过上述观察，可以了解顾客对鞋子的喜好。

但是，观察并不是目不转睛地盯着顾客看，要做到不动声色地观察，这一点非常重要。

观察有以下七个要点。

1. 感兴趣的商品（注意关联性）。

2. 当天穿的鞋子（喜好、保养情况、破损、尺码、是否合脚等）。

3. 当天的服饰（休闲、优雅、运动等）。

4. 发型（头发颜色、长、短、直、卷等）。

5. 工作情况（来店时间、背景等）。

6. 肢体语言（性格、购买意愿、偏好等）。

7. 年龄（肤色、光泽、皱纹、丰满度、体态等）。

例如，通过第 2 点“当天穿的鞋子”，除了可以推测出顾客对鞋子的喜好之外，还可以看出顾客是不是一个经常保养鞋子的人以及鞋子尺寸。 而从第 3 点中，既可以了解顾客的着装倾向，也可以观察出其他很多信息。 如果顾客穿着简洁的套装，那么鞋子也应该喜欢简洁大方的，所以应该推荐这种款式的鞋；如果顾客穿着腰身带松紧的衣服，那么应该不会喜欢太紧的鞋，所以应该推荐宽松款式的鞋。如果顾客佩戴着款式讲究的饰品，可以想象，这位顾客对其他东西也是很讲究的。

1. 感兴趣的商品。
2. 当天穿的鞋子。
3. 当天的服饰。
4. 发型。
5. 工作情况。
6. 肢体语言。
7. 年龄。

图 2–2　不动声色地观察顾客

根据手的情况，推测脚的大小

从顾客的手也可以了解到很多信息。

手和脚的形状很相似。手如果是丰满型，脚也是丰满型；手如果是纤细型，脚也是纤细型；手如果长得结实，脚也很结实。所以，可以推测一下，如果顾客脚长得比较结实的话，鞋的材质即使稍硬点也不怕，可以向顾客推荐这样的鞋子；反之，如果顾客的手娇嫩纤细的话，脚也比较容易受伤，所以选鞋一定要慎重。

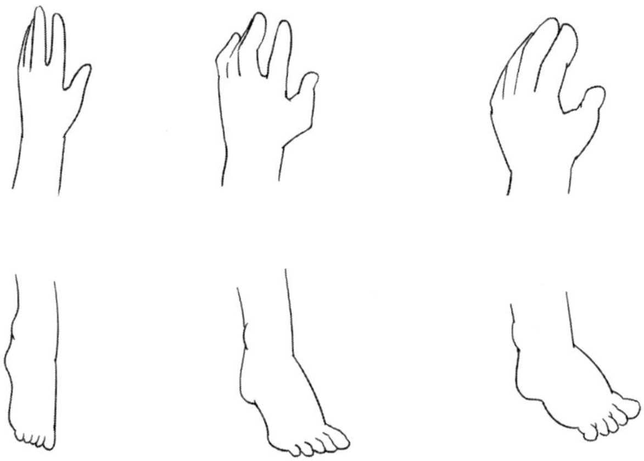

图 2-3　根据手的情况，推测脚的大小

另外，通过顾客的手，还可以推测一下适合的鞋子材质。皮肤健康的顾客，鞋的材质稍硬点也没问题，但是皮肤娇嫩敏感的顾客，则一定要避开这样的材质。

在卖鞋过程中，要想正确认识顾客的脚，必须先了解脚的形状。脚的形状分为三种：埃及型、希腊型和方型。埃及型的脚大脚趾最长，希腊型的脚第二个脚趾（手的食指）比大脚趾长，方型脚脚趾长度都差不多，整体呈方形。

不同的脚型要穿不同的鞋。埃及型脚的人可以穿自然的斜头鞋或者圆头鞋，希腊型脚的人可以穿鞋头长、整体纤细的尖头鞋，方型脚的人可以穿方头鞋或者莫卡辛鞋——这样的鞋头比较宽的鞋。

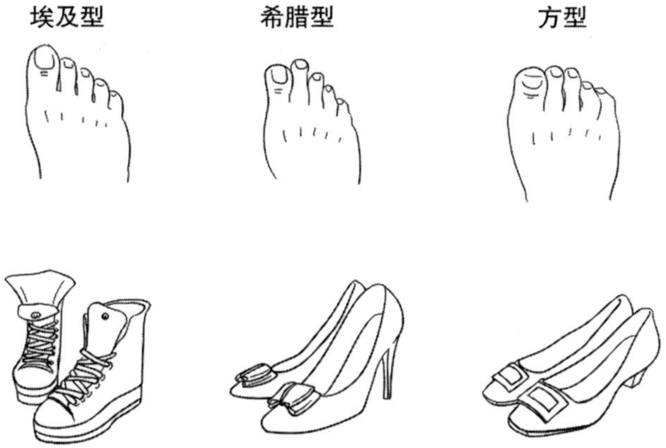

图 2-4　三种脚型以及适合的鞋子

就这样，观察结束，做好了跟顾客打招呼的准备，接下来就可以接近顾客了。事实上，对店员来说，接近顾客应该是最难的吧。

开口说话的时机和站立的位置

顾客来买鞋，其实很希望能有一个对鞋子非常了解的店员为自己提供参考意见的。但是，很多时候遇不到这样的店员，只好根据自己的判断来选鞋。

在卖鞋之前，我们首先要成为顾客的商量对象，这一点十分重要。只有顾客认可了我们，之后的交流才能顺利进行，我们才能顺利地向顾客推荐商品。

接近顾客，是为了创造一个作为商量对象而获得顾客认可的机会。

接近顾客有三个要点：**开口的时机、接近的距离和方向以及从什么话题开始。**

首先是开口的时机。有两种情况：一种是顾客想向店员求助的时候；另一种是顾客忘记店员的存在，完全沉迷于浏览商品的时候。

当“顾客想向店员求助”的时候，顾客会有如下举动，可以作为判断依据。

1. 在寻找什么。
2. 找镜子。
3. 与店员目光交汇的时候欲言又止。
4. 想找店员。

当“顾客忘记店员的存在，完全沉迷于浏览商品”的时候，会有如下举动：

1. 一直看着同一件商品。
2. 转一圈回来还看同一件商品。
3. 把商品拿在手里仔细观察。
4. 试穿。

店员要根据顾客的这些举止，开始接近顾客。

图 2-5 两种开口的时机

这个时候，重要的是接近的距离和方向。突然走过来和顾客打招呼，只能让顾客感觉不舒服。完全沉迷于浏览商品的顾客更是如此。跟顾客打招呼，要有相应的站立位置和方向。

首先要避免正对面和正后方。正对面会让顾客产生压迫感，正后方顾客看不见店员，会吓一大跳。店员应该装作若无其事地从斜前方或者侧面进入顾客视野，然后开口和顾客打招呼。

接下来是打招呼时的距离。店员作为商量对象还没有获得顾客的认可，因此需要和顾客保持适当的距离。一般来说，120 厘米左右的范围内比较合适，离顾客不远不近。可以在这个距离，就顾客比较感兴趣的商品，开始交流。“这个颜色很有春天的感觉啊！”这个时候，如果顾客回答“是啊”或者“嗯，好漂亮的颜色啊”等，就说

图 2-6　两种不妥当的打招呼方向

明打招呼成功了，店员可以和顾客站在同一角度，就同一件商品展开交流。

如果店员觉得作为商量对象已经获得了顾客的认可，就可以逐渐接近顾客，和顾客之间的距离保持在 80 厘米左右。

分三次与顾客打招呼的原因

作为接近顾客的第三个要点“从什么话题开始”，可以说是非常重要，因为它会影响到最终的购买。

顾客和店员基本上都是初次见面。因为是初次见面的两个人，所以必须要注意说话技巧。这被称为“赞美式接近谈话术”。

“赞美式接近谈话术”，这个词有点长，简单说就是从能引起顾客共鸣的话题或者商品的特征以及优点切入开始会话。比如说，针对顾客穿的鞋子，可以称赞：“您的鞋子看起来穿着很舒服啊”，“您的鞋保养得真好啊”，“您穿的鞋和我们卖的是同一个品牌啊”等等。

另外，要想从商品入手展开话题，必须了解顾客目前最关心的是什么。一般来说，顾客比较关心鞋子的款式、颜色、材质、穿着感受、用途等，店员可以观察其中的任意一点。

答案就在顾客的视线所及之处。如果顾客拿起鞋子看鞋跟或者比较鞋跟的高度的话，店员可以说“这个高度穿起来会比较稳”。如果顾客对鞋子的颜色比较关心的话，店员可以说“这个颜色和您衣服的颜色很相配”等等。

在接近顾客的时候，把商品的优点用简短的语言概括出来是关键。

比如店员说：“颜色很漂亮啊。”因为顾客也正被商品的颜色所吸引，所以和店员有同感，对商品的印象会加深，关注度也增加。而且这样的接近谈话术不会让顾客产生被“强卖”的感觉，引发共鸣。

只是，并不是每次和顾客搭话，顾客都有回应。这个时候不要勉强，可以过一会儿再重新尝试。如果顾客还是不回应的话，店员可以说：“有喜欢的商品您可以叫我，请慢慢看。”然后退到一边，让顾客随意挑选。

从“欢迎光临”开始，经过与顾客第一次接近和第二次接近，店员跟所有的顾客至少要打三次招呼。

抓住顾客心理的接近谈话术

接近谈话术要运用得当，这点很重要。否则，顾客就不会敞开心扉。假设顾客的脚看起来比较胖，但是却一直盯着瘦瘦的浅口鞋，眼里满是憧憬和向往。如果这个时候店员说“这双鞋很适合您”的话，顾客会怎么想呢？“就为了卖鞋，光是嘴上说得好听。”这样的话，顾客是不会和店员敞开心扉的。相反，如果顾客知道店员态度诚恳，自然而然就会敞开心扉。

比如说，顾客手里拿着鞋正在翻来覆去地看，这时，通过询问，“您是不是要选防滑的鞋底啊？”可以让顾客主动提供信息。

或者，顾客虽然穿着休闲的牛仔服来到店里，却一直在看鞋跟8厘米高的高跟鞋，由此可以推测一定是为了某个特殊场合来选鞋的。“您是要搭配礼服吗？”“嗯，我要参加朋友的婚礼。”“是吗？ 真是让人期待啊！ 衣服已经选好了吗？”“还没呢。”像这样，双方的距离感在不断缩小。

对顾客来说，店员能够准确判断自己要买什么，这是一件高兴的事，也能够感受到店员一直关注着自己的那份诚意。 这样顾客就会敞开心扉，认为和这位店员商量的话，也许她会帮助自己找到想要的鞋。

虽然卖商品是店员的工作，但购买商品的是人，所以心怀诚意地接待顾客十分重要。

通过与顾客产生共鸣来了解顾客的需求

顾客不一定都是想好了要买什么样的鞋才来卖场的。有的顾客没想好买什么样的鞋子，只是来到卖场看见商品时想“我要是有双这样的鞋子也不错”。 顾客本身对自己想买的鞋子没有清楚的认识，因此店员必须主动去发现。

收集与顾客需求相关的信息十分重要。 认真观察顾客感兴趣的商品特征，然后向顾客询问，确认顾客具体要买什么样的鞋。 可以向顾客了解以下事项。

1. 要买的东西。

2. 喜欢的颜色。

3. 喜欢的款式。

4. 喜欢的材质。

5. 用途、目的。

6. 搭配。

7. 品牌。

8. 尺码。

9. 价格。

请注意一下，尺码排在第 8 项，在问顾客尺码之前，还有很多信息需要事先了解的。

向顾客询问时有几个关键：首先要积极，其次要注意说话方法，引导顾客回答自己的问题。比如说，如果问顾客“您想要什么颜色”，顾客可能也不清楚，答不上来，所以要问得具体些：“您想要黑色的吗？”或者，“有裸色、黑色、咖啡色三种颜色，您喜欢哪种呢？”

让顾客从比较中选择也是一种方法。如果能边展示商品边问的话，效果会更好。

必须注意的是，不要机械地去捕捉信息，而要站在顾客的角度，与顾客产生共鸣。

“我想选一双参加孩子毕业典礼的鞋……”如果顾客这样说的话，店员一定要回应：“毕业典礼啊，恭喜恭喜！”这样的一句话就能让顾客心情大好，越说越多，店员就能进一步了解顾客的需要。

“毕业典礼的日期定了吗”，“那天要穿什么颜色的衣服”，“裙子多长”等等，信息源源不断。最后，“那样的话，这个颜色的这款鞋我觉得不错，您觉得呢？”可以为顾客提供合适的建议。

在和我交往多年的顾客当中，有这样一位顾客，她会说：“今天我要买三双鞋，全都拜托你了。”之所以只告诉我鞋的数量，其他什么也不说，是因为她信得过我。当时我是这样做的。顾客的尺码和喜好等我早已烂熟于心，我只需问一下要注意的部分，比如最近买的衣服是什么颜色和什么款式、买的时候看中了衣服的哪一点、想在什么场合穿等，然后，我马上就可以给出建议：“那么，这个颜色的这个款式，您看怎么样？”

牢牢掌握必要的信息，就可以将建议锁定在几件商品上，只要符合顾客的要求，顾客就能接受。而且，短时间内就可以买到满意的商品，顾客也很高兴，会想“下次我还要找这位店员，让她帮我挑选”。

售鞋顾问如何为顾客测量

如前所述，当已经了解顾客的需求，但是如果顾客不清楚自己的尺码，则需要进行测量。

要想选择一双合适的鞋子，测量十分必要。而且通过测量，不但可以知道顾客脚的尺码，还能了解顾客脚的特征。如果卖场里有售鞋顾问的话，接下来就让售鞋顾问登场，跟顾客打招呼吧！

例如，如果顾客说："23.5码好像不合适，23码会怎么样呢？""您量过您的脚吗？很多人经常弄不清楚自己是23码还是23.5码。如果您现在有时间的话，我帮您量一下好吗？只需要两三分钟就可以了，您要不要试一下？""哦，可以啊？那我试试吧。"这样，大多数情况下顾客都不会拒绝。

另外，如果有专用的测量房间的话就更好了，顾客会有一种被特殊优待的感觉，一定非常高兴。

测量要使用专门的测量用纸（脚码测量纸）。顾客穿着长筒袜或者短袜站在上面，双脚开立。测量的时候，需要说："不好意思，我把您的裤脚卷起来可以吗？""稍微有点痒，请您忍一下。""准备好了吗？我要开始量了。"

在每个步骤进行之前，都要先告诉顾客，这一点十分重要。但是很多时候却被忽略了。一定要在每个动作进行之前先和顾客说一声。

接下来，与顾客面对面，勾画顾客脚的轮廓曲线。很多人在这个步骤上花费的时间较多。用力过大就不容易画，因此很费时间。往往顾客也就累，可能就不想量了。接下来还要计算尺寸等等，再加上选鞋的时间，恐怕要花费一个小时，这肯定会对营业额产生影响。所以要尽可能在 30 分钟内结束所有测量，迅速计算，掌握脚的情况。

我一般测量和说明花费 3 分钟，最长 5 分钟，包括选鞋在内，也就花费 20~30 分钟左右。 我能做到这一点，主要靠长期的积累。 因为，不管是选鞋还是测量，都没有人教，只能靠自己拼命学习，主动尝试。 最多的时候，我曾经一天为 10 位顾客测量，测量过的顾客共计 1 万多人。

但遗憾的是，很多人拥有了售鞋顾问的资格以后，就不愿意为顾客测量了，而且这样的人在逐渐增多。 为了考取售鞋顾问资格，需要完成测量 50 人的课题，但是考完以后马上就变得消极了。 售鞋顾问应该是普通店员的榜样，既然取得了售鞋顾问的资格，就在卖场里好好实践吧！

画完脚的轮廓以后，接下来测量脚围。“脚跟不动，脚掌稍微抬起好吗？ 好，可以放下了。”

测量的关键是两脚同时测量，弄清两脚差异。 针对不同顾客，可以把测量用纸从中间撕开，分别对应左右脚，让顾客明白两脚存在这样的差异，所以对两只鞋的要求不能完全相同。

脚长、脚宽、脚围，这些都在顾客面前计算。 记录完整的测量用纸，要和顾客肩并肩一起看。 虽然面对面看也可以，但是要想和顾客视线相同，一定要和顾客肩并肩。

测量以后，顾客基本上都能够对自己的脚型和尺码有了了解，因此几乎百分之百的顾客都买了鞋。

从测量用纸读取脚的信息

说到测量，很容易被理解为只是测量脚长，其实不然。原本是特意测量的，却只告诉顾客："您的尺码是 23 的 4E 码。"然后就去选鞋。那测量的目的究竟是什么呢？测量用纸上记满了顾客的脚的信息，读取这些信息并告知顾客，这才是测量的最大目的。

"对不起，让您久等了。经过测量，您脚部情况是这样的。"售鞋顾问跪坐在顾客身旁，边让顾客看测量用纸边解释："您的脚长分别是 229 毫米和 228 毫米，右脚稍大。几乎没有人两脚一样大，所以这点差距没有任何问题。您的脚围分别是 240 毫米和 245 毫米，右脚脚围比左脚大 5 毫米。根据您的右脚情况，脚长 23 厘米、脚围 245 毫米，您应该选择 23 的 4E 码的鞋子。"

"您右脚大拇指有点问题，疼吗？"问完以后向顾客进一步解释："您的脚趾第 2 个最长，属于希腊型脚。两脚的脚围相差 5 毫米，如果按照大一点的脚选择尺码，另一只脚的鞋就有些大。您一直以来买不到合适的鞋，是因为 23 的 4E 码的鞋很少，如果按照脚宽来选鞋的话，又只能选择脚长大一码的鞋。您的脚型比较尖，所以从款式上来看，适合穿尖头鞋。您有些扁平足，所以最好选择带有支撑足弓功能的鞋子。系带鞋或者粘带鞋有这个功能，您不妨尝试一下。”

像这位顾客，即使是脚部问题比较多，我也会实言相告。但是不能就此为止。帮助顾客解决问题才是最重要的。特别是脚部问题比较多的顾客，听了实情也许心情会比较低落。但如果店员什么也不说，量完以后，直接把23的4E码的鞋拿给顾客，好像在说“这就是适合你的鞋”的话，“啊，这鞋，给我穿？不是吧！”顾客一定会大受打击。原本充满期待的好心情会烟消云散。

既然把事实告诉顾客，就要帮助顾客解决问题。首先，要倾听顾客的心声。顾客说要去参加婚礼，所以无论如何都想穿一双款式精美的鞋，虽然知道自己的脚有这样那样的问题，但就是想穿。这时候，同为女性，店员一定要理解顾客的心情，不仅要让顾客参加婚礼穿得漂亮，还要为顾客选择一双合适的鞋，我觉得这才是一个合格的店员应该做的。

去库房取鞋时

顾客的喜好，需求和价格，以及通过测量了解的脚的信息，综合考虑以上情况后，终于到了向顾客出示商品的时刻。

可以拿 2~3 双鞋让顾客试穿。一下子拿太多双，反倒让顾客不知所措。如果库房离得较远，3 双鞋都拿来比较费时间的话，可以先拿来 2 双鞋让顾客试穿。

“先请您试试这 2 双鞋好吗？还有 1 双我要到别的库房去取。”或者跟顾客说：“库房离得有点远，需要您稍等一下。也许店里还有其他您可能感兴趣的东西，您边看边等好吗？”

店员去库房取鞋，久等不回，顾客必定会不耐烦。时间再长些，恐怕就会生气：“究竟想让我等到什么时候！”但如果事先和顾客说明，顾客就会理解。

再重复一遍，每做一件事情之前，一定要先和顾客打好招呼。

在库房，店员一定要对鞋盒里的鞋进行确认。错把两只鞋装在不同的鞋盒里，这样的事情时有发生。要确认一下两只鞋的尺码是否一致、鞋里面是否干净、有无瑕疵和颜色不均等。另外，经常看见店员夹着鞋盒从库房里出来的身影，这是不对的，一定要把鞋盒横过来，双手捧住，放到身前肚脐左右的位置。这体现了店员对鞋子的重视。而且，最上面的鞋盒，盒盖在库房里就要事先打开。

拿着鞋走路的时候，在看不见顾客的地方，快点走也没关系，一旦顾客的身影映入眼帘，马上要把脚步放缓。

图 2-7　端鞋盒的注意之处

并且，也不是一边嘴里说着“让您久等了”，一边马上拿出鞋子，而是在顾客面前停下，微微鞠躬：“让您久等了”，转换一下心情。 这和西餐厅斟酒师的做法是相同的。 斟酒师站在桌前对顾客说：“您选的葡萄酒我为您拿来了，接下来将由我来为您服务。”店员要表达的则是“接下来将由我来为您提供试穿服务”的心情。

从鞋盒里拿出鞋子展示给顾客的时候，一定要双手拿鞋，轻拿轻放，以显示鞋的价值。

试穿时的七个要点

终于到了让顾客试穿的关键时刻。试穿时，不要把两只鞋摆在一起，那样不好穿，为了让顾客穿起来比较容易，可以把两只鞋分别摆在两只脚的前面。“请吧”，然后店员帮忙按住脚跟和脚尖，顾客的脚就不会晃了。帮顾客穿鞋和脱鞋，这份心意非常宝贵。

图 2-8　帮助顾客试穿

试穿完毕，店员要说：“让您受累了。”

店员要双手帮助顾客脱鞋，而且一定要说句“失礼了”，然后再去触碰鞋子。说话的时候，店员要单膝跪下，双手重叠放在另外一条腿的大腿上。

图 2-9　帮助顾客脱鞋

另外，向顾客确认的时候，不要笼统地问一句“怎么样？”而要具体地问：“脚跟完全踩下去了吗？”“脚趾完全伸开了吗？”如果顾客认为鞋不合适，一定要仔细询问哪里不合适。

顾客试穿时有以下七个要点需要确认。

1. 鞋口：鞋口是否勒脚。我们通常用“笑”来表示鞋不合脚（如果鞋口呈哈哈大笑的嘴的形状，说明鞋不合脚），所以要确认一下鞋口是不是变成了菱形，也就是鞋口是不是“笑了”。

2. 脚踝：确认鞋口是否磨脚踝。

3. 脚跟：鞋后跟与脚跟曲线是否贴合紧密。鞋后跟太深容易磨腿，太浅则容易掉鞋。

4. 脚心：确认脚心是否完全踩在鞋弓上。鞋跟越高越要注意这里。特别是脚背没有任何支撑的浅口鞋，如果不合适，脚就会往前跑，这也是槌状趾形成的原因。但如果脚心的足弓与鞋弓一致的话，鞋就会像吸附在脚上一样，非常合适。

5. 脚尖：确认脚趾是否完全伸开、鞋是否顶到脚趾甲、脚趾能否活动等。有人喜欢隔着鞋按脚趾甲处，请不要这样做。甚至有人边按边问“疼吗”，这么按当然疼了，而且鞋都被按坏了。鞋面起了褶皱，万一这位顾客不想买这双鞋，也没法卖给别人了。确认的时候，应该手指并拢放在鞋面上轻轻按压，以顾客能否感受到手指温度和压力为判断依据。

6. 球状连接处（第 1 趾和第 5 趾的周围）：确认这个部位是否太松。浅口鞋的话最好这个部位稍紧些。

7. 脚背：深口鞋要确认脚背是否受到挤压。另外，脚背周围叫做“鞋腰”，是系鞋带的重要位置，这里系紧的话，脚就不会往前跑。

镜子会说出顾客的心声

试穿结束后，让顾客站到能够照见全身的镜子前。这是为了确认顾客整体的感觉。这个时候，很多人常说的是“可以的话，请您照一下镜子”。但是，让顾客穿着鞋走几步看看，确认一下是否合适，这才是真正的目的，所以并不是“可以的话”，而应该是“麻烦您走到镜子前面照一下”。

另外，有的时候，顾客已经站起来了，店员却还坐在那问“您觉得怎么样？”这是不行的，一定要和顾客动作一致，一起站起来，然后确认顾客走路时的情况。

顾客在照镜子的时候，店员一定要注意，自己的身影不要出现在镜子里。镜子是为顾客准备的，一旦店员的身影出现在镜子里，顾客一定会感觉不舒服的。

通过镜子，首先要观察顾客的表情，是笑了还是充满了不安。

接下来要确认整体的平衡感。例如裙子或者裤子的长度与鞋跟的高度，身高与鞋跟的高度，色彩的平衡等等。还要观察衣服或者顾客的气质与鞋的颜色是否相配。

还有一点，通过镜子还能确认一下顾客的满意程度。

图 2-10　镜子会说出顾客的心声

如果顾客感到满意的话，一定会面朝镜子，边想着“好配啊，好美啊”，边出神地欣赏镜子中的自己。相反，如果顾客不满意，对店员的询问就会回答得含糊不清，“嗯，是啊”，目光也会离开镜子。这个时候店员一定要问：“您有什么不满意的地方吗？”顾客也许会说：“颜色再亮一点会更好吧。”“鞋跟再高点就好了。”所以一定要询问顾客的意见。

一定要将鞋子的缺点告诉顾客

每双鞋都有自己的缺点。**把缺点告诉顾客是销售的**

重点。我一直教导店员，要尽可能地掌握正确的商品知识，把商品的缺点如实告诉顾客。

鞋子的缺点大致分两类：一个是磨脚；另一个是穿着时的注意事项。

关于磨脚，例如："这里和这里会增加脚的负担，穿的时候脚可能会疼，您看怎么办"，"这里顶到脚了，穿的时候恐怕脚会有问题，您觉得呢"，"脚趾甲顶到鞋了，容易得嵌甲性甲沟炎，如果现在就觉得疼的话，最好不要买"。

如此等等，店员把缺点如实相告，其他交给顾客自己判断。如果顾客还是想买的话，店员要加上一句："如果出现了刚才提到的问题，请和我们联系。"

不要让顾客担心，让顾客放心也是销售的重点之一。

就商品来讲，可以说越是高级的品牌缺点越多。比如下雨时，越是精细材质的鞋越不耐水，容易掉色。一旦被雨淋，表面会留下擦拭不掉的水滴痕迹，甚至有的鞋穿一次就再也不能穿了。如果购买的时候，店员没有向顾客说明这一点，顾客一定会投诉："这么贵的鞋，质量怎么这么差？"

比如，意大利产的鞋多为皮质鞋底，为了美观而上色，但日常穿着的过程中表面的颜色会脱落。如果顾客不明白这点就会大惊失色，误以为买到的是残次品。

这种缺点，可以通过保养或者注意穿着方法等来解决，所以店员在把鞋子交给顾客之前一定要告知：“这点请务必注意。”

如果事先告知这些缺点，顾客可能会说：“这样啊，那我不买了。”那也没办法，只能向顾客推荐其他的商品。

送别是新的开始

“谢谢，欢迎再次光临！”顾客买完东西，送走顾客，这样就结束了吗？ 不，必须让顾客成为回头客，再次光临。

送别并不是简单的结束，而是和下次接待顾客密切相关。 送别是新的开始，这一点我们要做到心中有数。

送别时，除了要告诉顾客鞋的优缺点之外，还要告诉顾客，一旦有问题，随时可以来找我们。 这一点非常重要。

“今天您买的这双鞋刚好合脚，但身体不舒服的时候，可能会觉得鞋有点紧，脚有点疼。 出现这种情况，一定要让鞋休息两天。 再有其他什么问题，随时都可以来找我们。”

“刚穿的头两次，可能会觉得有些紧。 要是脚疼的话，就把皮子撑一撑。 皮子撑开的话，多少能缓解疼痛。 我叫某某，您不必客气，可以带着鞋子来找我。”

这样说的话，应该就不会发展到投诉的地步了吧。

最多来到店里说："就像你说的那样，开始的时候脚有点疼，忍两次再穿就好了。""跟你说的一样，脚好疼，我把鞋拿来修了。"

送别的时候，要为顾客把商品拿到出口。然后，一边把鞋交给顾客一边说："您穿着它去参加晚会时，一定会和礼服非常搭配的。""祝您聚会愉快！"

这些都是在帮助顾客选鞋过程中了解到的信息，以此为话题来道别，顾客一定能体会到店员对自己的关心，并且会再次光临。

另外，以前店员都会通过电话或者 DM（直邮信函广告）的形式，了解售后顾客的穿着情况。2003 年日本《个人信息保护法》制定以后，如果没有顾客的许可，店方不能擅自打电话或者邮寄信函广告给顾客，顾客名单也不再由店员个人管理。因此，为了记住顾客信息，可以把顾客的特征或者与顾客的对话用日志的形式记下来，我认为这也是一个方法。能够做到这一点的话，下次顾客光临的时候，与顾客的交流就会更顺畅！

第3章

不同场合的待客能力

注重款式的顾客

来到卖场的顾客，都有各自的目的。在本章中，我将介绍不同场合下的选鞋方法和待客方法。

鞋并不是只要合脚，或者只要款式好就可以的。还必须合乎用途，安全可靠。

以浅口高跟鞋为例。浅口高跟鞋样式简单，原来基本上是百货商店的女店员、空姐、宾馆服务员等服务行业的女性穿着的工作鞋。我原来工作的地方也把浅口鞋作为工作鞋。但是，浅口高跟鞋一方面承受不了一天 8 小时的工作量，另一方面卖场的库房里没有梯子，店员必须爬上爬下，浅口高跟鞋虽然漂亮，但是很不安全。

凉拖也是如此。凉拖原本是室内鞋，洗完澡脚还潮湿的时候穿的。潮湿的脚与凉拖紧紧地粘在一起，走路没有声音。但是，最近很多人穿着丝袜和凉拖外出，走路的时候，发出吧嗒吧嗒的响声。甚至有人穿凉拖上班。原本只具备室内鞋功能的凉拖，被当做室外鞋来穿，实在太危险了。

但顾客们并没有意识到这一点。大多数的顾客是为了赶时髦，所以脚受伤或鞋坏掉这样的事情时有发生。为了让顾客理解这一点，我把顾客想要的鞋拿给顾客的同时，也把我认为适合顾客的鞋拿来，让顾客穿上比较一下。

“这双是您要的镶有宝石的8厘米高的高跟鞋。这双是我个人认为您穿起来会比较舒服的鞋。两双都试试，比较一下怎么样？”

于是，顾客就会发现二者穿起来的区别，这时候店员再问：“这双穿起来舒服的鞋，和这双时尚精美的鞋，您选哪双呢？”

作为顾客，非常想买那双一直憧憬的时尚鞋，但是这样的鞋又不能整天穿，出于安全性的考虑，顾客也会想买那双穿着舒服的鞋，于是往往会说，“那么，两双都买吧！”

80%左右的顾客会把两双鞋都买下来。

并不打算购物的顾客和年轻的顾客

顾客当中，有些人开始原本没打算购物，只是想随便逛逛看。也有些顾客只是在等人的时候前来消磨时间。

即便如此，我也很高兴顾客能来到卖场，因为我觉得正因为我的卖场不招人讨厌，顾客才会来。所以当有顾客问我“我可以坐在这儿等人吗”的时候，我总是回答：“请坐，您不用着急，只要您的时间允许，多久都可以。”

也有这样的顾客，一开始就明确地告诉我：“今天有时间所以来看看，我只看不买。”对这样的顾客，我总是说：“请进，如果您愿意的话，我可以给您介绍一下新品，或者带您四处看看。”

还有这样的顾客，本来是想买的，但面对高昂的价格却犹豫不决。这时我会说：“今天不买也没关系。请随便看看。当然，这个款式您也可以先试穿一下。”

然后把鞋拿过来让顾客试穿。好货不便宜，无论是材质与做工，还是舒适度，各方面都是一流的。不试不知道，所以要让顾客试穿。一旦体会到鞋与脚合二为一的感觉，价格就不是问题了。

某种意义上来说，年轻的顾客要比年长的顾客“难伺候”。有些年轻人，店员和她打招呼的时候不理不睬，连个笑容也没有。尤其是年轻人觉得自己很时尚，不喜欢被别人说这说那，只想有事的时候再叫店员过来。虽然如此，一旦店员不理自己，又觉得自己不被重视。所以对待年轻的顾客，关键是要考虑到年轻人的心思。

“有事请叫我。”这样说完，等着顾客叫自己就可以了。

店方不想接待的顾客

有时候，店方也有不想接待的顾客。这种时候，无论对谁来说，接待工作都很难做，但是却不能避免。

一位30岁左右的年轻女性，看起来像个白领，刚一进门就对我这样说：“喂，你在这里工作很长时间了吧？我累了，不想动，既然你很懂鞋，那就给我找双合适的，我就坐在这里等着。”

这位女性看起来比我年轻得多，却对我颐指气使。我当时心中不太高兴，但要表现在脸上的话，就会影响到工作。于是，我拿出比平时客气百倍的笑脸问：“我是售鞋顾问，可以为您选鞋。如果您有什么喜好或者要求的话，请讲。”

这么一问，她脚也不疼了，颜色要这样的，款式要那样的等等，喋喋不休。

于是我说：“既然您对自己的情况这么了解，可以自己来选择，肯定比我更有品位。再说，太累的时候买鞋很容易不合脚，您还是等不累的时候再来吧。”

听到我的话，她愣了一下，只留下一句“那就这样吧”，然后就走了。

还有这样一位顾客。据说在住处附近的店里，怎么也买不到合适的鞋，所以特意坐电车，从东京近郊来到我这里。当我说要为她测量一下脚的时候，她一个劲儿地说：“不用测了，我知道自己的尺码，23.5的4E，我只想要进口的时尚鞋。”

于是，我按她说的把鞋拿来，结果哪双都紧，当然没有一双合适的。“进口鞋没有4E的，即使我给你推荐大一点的鞋，也不能保证你的脚不疼。”听我这样说，她突然大怒：“这么大的百货商店，竟然没有我要的鞋？”

她一定是觉得自己特意来到东京买鞋，结果竟然没有，怎么回事，太过分了吧！最后，和她一起来的丈夫对她说：“你这么不讲道理，店员多可怜啊！”于是，两个人什么也没买就回去了。

这样的顾客相信哪家店都遇到过。确实让人心情不爽。但我觉得，和顾客一样感情用事的话就太不专业了，所以总是有意识地让自己冷静下来。我认为作为店员，不应该因为这样的事情而感到不安或大发雷霆。越是这样的时候，越要保持冷静的态度。

要想做到这一点，必须从日常开始注意。要有作为店员的自豪感和自信心，要有丰富的知识、认真的态度和严谨的措辞。没有这些，对他人的告诫也就变成了一种谦逊而已。之前提到的那位年轻的顾客，之所以没做任何反驳就走了，我想就是因为她感觉到了我的冷静态度和对她的告诫。

越忙的时候越要周到

所有的卖场都相同，既有忙的时候，也有闲的时候。顾客少的时候，店员可以把很多的时间花在一位顾客的身上，忙的时候就不行了。但是，越是这样的时候，顾客越希望店员对自己认真一些、耐心一些。

越是忙的时候，越要注意一下周围是不是有顾客正在寻求店员帮助，努力掌控全局。只要注意，就会发现有需要帮助的顾客。这时候要一边接待眼前的顾客，一边把目光投向另外一位："请稍等。""请慢慢看。"

我总是这样和顾客打招呼的。虽然顾客离得有点远，可能听不见我的声音，但是可以从我的表情和态度上明白我的意思。通过这样的方式告诉顾客：我没有对您置之不理，我马上就过去。

我始终认为，无论什么时候，都应该认真对待每一位顾客。太忙了照顾不过来只是一个借口。忙的时候有忙的时候的待客方法。对我这种同时兼顾的待客方式，即使是初次见面的顾客也会说："不用着急，忙完那位顾客再来招呼我吧。""你很忙啊，忙完那边也来看一下我这边吧。"

每当这个时候，我都能深切感受到顾客对店员的关注程度。她们知道我们也在关注着她们。换句话说，如果店员态度粗鲁无礼或做事偷工减料的话，顾客也都看在眼里。店员也许不能一一记住每位顾客，顾客却可以记住店员。

拿鞋的方式、跪的方式、措辞方式等等，我们要时时刻刻意识到有一双眼睛在看着我们，务必认真对待每一位顾客。

接待团体顾客有诀窍

顾客当中也有三四个人结伴而来的。接待这些顾客与接待单个顾客的方式略有不同。

对待这些团体顾客，首先要弄清楚谁处于主导地位。父母和孩子一起来的话，要知道是父母说了算，还是孩子说了算。如果有处于主导地位的人存在，她的意见很多时候将起到决定性作用。

如果想买东西的人不是处于主导地位的那位，我会格外注意。尤其是看起来老实温顺的人，很容易受周围人的意见的影响。别人说："这个适合你，选这个吧。"她就会说："是啊，那就选这个吧。"等把东西包好拿给她的时候，其他人已经转到了别的话题，只剩下她孤零零一个人。这个时候，我就会看准时机悄悄地对她说："大家劝你买的这双鞋，要是回家后你不喜欢，就给我拿回来。"于是，她就会稍微放下心来，迷茫的脸上重新露出微笑，向我道谢。

即使是初次见面的顾客，有时也会觉得非常投缘。有位顾客觉得和我聊天非常开心，告别的时候我也诚挚地告诉她："今天和您相处得特别愉快。欢迎您下次再来。"与这样的顾客，一定能保持长久的友谊！

接待拥有纤细美足的顾客要从赞美开始

很久以前，与欧美人细长的脚不同，日本人的脚被认为“脚背高、脚幅宽”，很容易被理解成“脚背高、胖墩墩”的样子。但现在，日本人的脚型发生了很大的变化。虽然那种脚幅宽的人还是很多，但近年来细长脚型的人却在增多。对这些人来说，买鞋反倒成了一个难题。因为日本产的鞋，脚幅窄的少之又少。

根据 JIS（日本工业标准），日本女鞋脚围（脚宽）的尺码分别为 A、B、C、D、E、2E、3E、4E，尺码表上也这样表示。但实际生产的鞋却不是每个尺码都有，以 E 最多，其次是 2E、3E，再就是 D，其他尺码在日本基本上不生产，即使生产，数量也极少，这就是现状。然而细长脚型的人尺码多为 D 或者 C 以下，因此很难买到合适的鞋。这些人在选鞋方面真是吃了不少苦。最近，终于有日本厂家开始生产瘦版鞋了，但还处于开始阶段，今后还有很长的路要走。

面对这样的顾客，我总是体谅她们的难处，从赞美她们的美足开始我的接待工作。事实上，纤细的脚真的很漂亮。

“一直以来，鞋都不好选吧？”

“嗯，穿什么都不行。”

“是啊，因为您的脚非常纤细，穿 2E 或者 3E 的话，鞋会掉的吧？”

“你怎么知道？ 没办法，怕脚疼只好选择大点的尺码。”

“你这样恐怕不行啊。”

然后，我把日本鞋码的现状认真讲给顾客听。

“那么，什么样的鞋才适合我呢？”

“您这样的瘦脚，可以穿进口的这款鞋。 合脚的鞋既不会变形，又不会磨脚，您要不要试试看？”

与日本鞋相比，进口鞋以瘦版为主，所以我建议顾客穿进口鞋。 这样做的目的，与其说是为了卖鞋，更主要是为了让顾客尝试一下。 如果顾客在价格方面比较犹豫，我也不会强迫。 但如果顾客有买两双国产鞋的预算的话，我会建议顾客不如索性买一双进口鞋好了。

从经验中学到的足部护理知识

有一段时间，我在西武旗下的一家鞋店卖鞋。 除了售鞋顾问之外，我还想考取足部护理资格证，这个想法正是源于那段时间的经历。

那家店的顾客，基本都是周围办公楼的白领女性。她们常在下班时间蜂拥而至。 原本空旷的卖场，一过 5 点马上变得忙碌起来，直到 8 点关门，简直就像战场。 这些白领的买鞋方法与众不同。 她们经常在杂志上选定想要的鞋，然后拿着剪下来的图片来到店里，对店员说“我要买这双鞋”，“我没时间，你给我找双图片上的鞋就行”。如果库房里有顾客的尺码还好，有时候即使跟顾客解释：“这款鞋是限量版，没有您的尺码。”她们还是要买。而且好像很少有人坐下来不慌不忙地试完以后再买。

看到这样的买法，我除了吃惊还是吃惊。更让人震惊的是这些白领的脚部状态。上了一天班，脚又脏又臭，还有槌状趾、鸡眼、老茧、嵌甲等等，基本上脚部都有问题。其中最严重的是脚臭，二三十岁的年轻女性，脚部情况怎么会如此之糟，实在难以理解。

之所以脚臭，是因为穿着不合适的鞋长时间工作，汗液分泌过剩造成的。脚心处的皮肤总是处于潮湿状态。脚在鞋里面动的时候发生摩擦，就会出汗。下意识的紧张也会出汗。这些汗液在鞋内堆积，产生潮气，这就是脚臭的原因。

虽然为顾客选择合适的鞋子是店员的工作，但是脚本身已经存在那么多问题了，穿再合适的鞋子也不会舒服的。

看到这些年轻人的脚部情况，我很震惊，深切意识到治疗这些脚部疾病是十分重要的。于是，我考取了在德国被称作“足部健康美容专家”的足部护理技术资格证，并在鞋类卖场开设足部护理室，这在日本的百货商店中尚属首例。

据说我曾工作过的那家卖场的足部护理室总是满员，这也是因为有足部问题的年轻女性越来越多的缘故吧。

医生束手无策，店员游刃有余

足部问题中，最多的是老茧、鸡眼、嵌甲、开张足、槌状趾、拇外翻等。

其中，老茧和鸡眼自己能够简单处理。老茧和鸡眼主要是由于角质变硬造成的，所以洗完澡后用锉刀把硬的部分除掉，然后涂上营养霜，按摩至吸收就可以。

产生足部问题的最大原因就是鞋不合脚。曾经有位顾客由于脚拇趾外翻而不能外出，让我至今记忆犹新。脚拇扯外翻是指脚的拇趾向小趾一侧弯曲，一般倾斜度达到 15~18 度以上就称为“拇外翻”。

刚才提到的那位顾客是北海道的，医生说：“你的拇外翻症状从年龄上来看已经治不好了。”这让她大受打击，躲在家里闭门不出。丈夫实在看不下去，听说从东京来了位售鞋顾问，就特意带着妻子来到我的住处。我原以为会相当严重，看过之后才知道不过是开张足、脚拇趾稍微有些外翻而已。

我解释道：“不过这种程度而已，我也和你一样。也许医生说了不能治，随着年龄的增长，谁都不可避免的会出现这样的问题。 只要穿上合适的鞋，走路一点问题也没有。”

的确，医生了解脚的情况，但却不了解鞋，所以无法选择对脚有益的鞋。 在这一点上，像售鞋顾问这样的店员，一方面学习关于脚的知识，另一方面，每天都在和鞋打交道，对鞋非常了解，所以可以为顾客挑选合适的鞋。这些话我也对那位顾客说了。 听了我的话，她终于重新露出了笑脸。

遗憾的是，北海道的那家鞋店没有适合那位顾客的鞋。 我和顾客说好，回到东京后马上给她寄鞋，同时也拜托那家店的售鞋顾问帮她试鞋。 我给她寄了两双鞋，后来据那位售鞋顾问说，两双鞋都很合适，那位顾客都买下了。

帮助顾客重新露出笑容，连医生都束手无策的事情我却能够解决，这是一件多么了不起的事情啊！

顾客教给我待客的本质

她是一个非常漂亮的女孩。 身材苗条，面容姣好，无论谁走过都忍不住回头多看几眼。 她是和妈妈一起来的。 我像平时一样接待了她们，为她进行脚围测量。

上测量台的时候，妈妈把她扶了上去。 关系真好啊，真是一对让人欣慰的母女，我这样想着。 但是看见了女孩的脚，我好像被当头打了一棒大吃一惊。两脚趾尖向下弯曲，缩向内侧。这样的脚上测量台会很吃力，所以妈妈才扶她的吧。光被她的美丽所吸引，作为售鞋顾问，我竟然忘记了最重要的顾客的双脚！

听那位妈妈说，女孩多次住院，做了 3 次手术，才恢复到现在的样子。今天也是从所住的医院赶过来的。

“迄今为止孩子只穿过康复训练用的鞋，这次她要参加朋友的婚礼，所以我想让她穿上普通女孩穿的鞋，哪怕只有一次也好。听说你们这里有女性售鞋顾问，所以过来试试看。”妈妈这样说。

我为自己的粗心感到羞愧，于是开始全身心地为女孩服务。我一边和她聊天，一边用手为她的一根根地舒展脚趾，整个过程将近 2 个小时。但是，这不仅仅只是时间，而是我的心意：既然为她测量，就有责任为她挑选一双合适的鞋。最终女孩选中了一双红色的船形平底鞋。

“穿这双鞋参加婚礼应该没问题了吧！”母女二人高兴地说。

“每天泡澡的时候，试着用手把脚趾一根根地舒展开，您觉得怎么样？”我把护理知识也教给了她们。

从那以后 3 ~ 4 年的时间里，女孩每年都要来店里 1 次，每次来她的脚趾都能伸开一些，最后鞋竟然大了 2 码！

“我按照您教的方法每天坚持做，脚趾真的伸开了！”

女孩高兴地说。 而且她还在曾经住过的医院找到了工作，为了表示感谢，特意送给我一方漂亮的手帕。

每当我演讲的时候说起这件事，我就忍不住落泪，听众们也同样唏嘘不已。

接待老年顾客

卖场中也有许多老年顾客。 印象中老年人都穿舒适的一类鞋，这种先入为主的观点在接待顾客时是大忌，千万要注意。

老年人也称高龄者，但是高龄者究竟指多大年纪的人呢？ 通常，65 岁以上都是高龄，但据一位从事高龄者研究的博士总结，65～74 岁是前期高龄，75～84 岁为后期高龄，85 岁以上为超高龄。 但是，65 岁的老人和 80 岁的老人不同，80 岁的老人和 100 岁的老人也不同，65 岁的老人和 100 岁的老人之间差别更大。 而且，即使同是 80 岁的老人，既有依然在职，精神矍铄地工作的，也有其他的，具体情况因人而异。 一说老年人，就把 65 岁以上的老人一概而论，这种观点是错误的。

如果顾客说：“我已经上了年纪，有什么适合我的鞋吗？”那就直接把顾客带到舒适鞋专柜就可以了。 但如果顾客虽然穿着舒适鞋，却看着时尚鞋的话，也许是为了某个特定场合来买鞋的，所以从有关时尚的话题入手比较自然。和顾客打完招呼后，即使顾客看起来有 70 岁左右，但只要精神矍铄、步伐稳健，就要像对普通顾客一样进行接待。

曾有这样一件事，我有一位交往多年的顾客，虽然已经过了 65 岁，却说："偶尔我也想尝试一下年轻人的鞋。"于是把我拉到青年女鞋卖场。"我想穿这样的鞋。"她手里拿的是一双红色的凉鞋。因为尺码刚好合适，所以我说："没问题，红色穿起来很精神。"

女人无论多大年纪，都想打扮得时尚些。鞋子与年龄无关。

使用调节用品的情况

鞋不经任何调整能直接穿是最好的。但有时为了增加舒适度，需要对鞋的内部进行调整。比如说脚心处加一个足弓支撑垫等。

尽可能不做调整，鞋与脚百分之百合适，虽然我想卖这样的鞋，但是如果通过调整，能让顾客穿着更舒适的话，我会征求顾客的意见，判断是否需要调整。

需要调整的例子有很多，比如两脚的幅度差 5 毫米的话，这时候就需要使用调节用品。因为都是根据大的那只脚的尺码来选鞋，所以小的那只脚的鞋就会松。这时可以多垫一双毛毡的鞋垫，或者使用市面上卖的衬垫。

调整完后要问问顾客穿着是否舒服。 如果顾客说不舒服的话就不要调整，只要鞋不掉就行。 是否使用调节用品，原则上要听从顾客的要求。

我之所以不太喜欢使用调节用品，一个原因就是不好看。 脱鞋的时候，衬垫即使垫在鞋垫底下，也会露出边缘部分。 或者会出现穿鞋和脱鞋的时候，粘着剂脱落，衬垫固定不住等等情况。 所以我不赞成鞋不合脚马上就想着要使用调节用品。

除了使用调节用品外，还可以使用工具拉伸皮革。顾客不着急的话，当场就可以弄好。 只不过，越软的皮革越容易拉伸，要是合成皮革的话，拉伸后马上就会恢复原样。 要跟顾客事先解释清楚，有些材质是不能拉伸的，取得顾客的谅解。

另外，关于鞋子的修理，我认为还是送回卖场修理最好。 把鞋返回原厂，用原件进行修理，这是最好的方法。 只不过，进口鞋的话，即使送回卖场修理，也无法返回外国的原厂，基本上是送到有合作关系的修鞋店进行修理。 大街上的修理铺如果有修得比较好的话，也可以送去修理。 但是，有些百货商店备有进口鞋的配件，所以建议先向购鞋的百货商店咨询一下。 莱茵石、缎带等等，即使是两三年前的东西，有时候也会有备用，可以更换。

不仅是店员，更是先踏入社会的“前辈”

即将步入社会、对未来充满希望和期待的女性们，为了买求职穿的鞋来到卖场。作为店员，更作为先踏入社会的“前辈”，绝不能让她们丢脸。抱着这样的心情，我接待了她们。

她们中的绝大多数人都是第一次找工作，没有什么经验，所以我想作为先踏入社会的前辈，帮她们挑选一双合适的鞋。

“请问，你已经决定从事哪一行了吗？”

首先，我要弄清她们想要从事的行业。我建议她们，如果是比较严肃、正统的工作，需要穿简洁的套装，鞋也要选没有任何装饰的浅口鞋才合适。相反，如果是时尚圈里注重个性的工作，太过正统反而不引人注目，因此包括鞋子在内，一定要能够充分体现自己的个性。如果还没有决定好干哪一行的话，我建议：“只要有一双正式的鞋，什么场合都能穿，不用担心。”

求职穿的鞋，从款式上来看，绝大多数的人会选择浅口鞋，而且绝大多数人是第一次穿浅口鞋。不管是正规大学生，还是短期大学生，有的人常穿带跟的鞋，有的人则不怎么穿带跟的，所以我首先要确认顾客是否适应鞋跟的高度。我会建议，如果套装下身是长裤，该穿多高的鞋；如果一天要去几家公司面试，高度在 5 厘米以下的鞋不容易累。

另外，高中以来一直穿的都是运动鞋或者平底鞋，突然穿上浅口鞋，很难掌握平衡，所以我让她们尝试各种高度的鞋，一旦觉得高度合适，我再建议：“面试之前多穿几次，很快就能习惯。”

虽说是求职，但也并不一定要穿新鞋。作为卖鞋的店员，也许我不应该这么说，但穿习惯的鞋确实是最好的。特别是第一次尝试高跟鞋的人，紧张地穿梭于各家公司是一件很痛苦的事情。对这样的顾客，我总是说：“穿高跟鞋长时间走路非常辛苦，不习惯的话脚更累，关键时候可能会累得笑不出来。所以把平时穿惯的鞋收拾干净，面试的时候穿，这也是一个办法。”

帮助顾客挑选搭配礼服的鞋

卖场里有很多这样的鞋子：重时尚而不重功能。这样的鞋在晚会、餐会的时候特别吸引人的眼球。

其实，这样的鞋想要穿好非常难。但不可思议的是，到了关键时刻，人的心情起到了决定性作用。比如说 7~8 厘米高的鞋，如果穿不习惯，走路的时候膝盖容易弯曲，可一到气氛高涨的时候，谁的膝盖也不弯，走起路来个个分外精神。这完全是靠心情在穿鞋。

穿鞋这个行为，可以给人的精神方面带来很大影响。

售鞋的时候有必要把这点也计算在内。虽然不适合日常穿着，但参加晚会的时候一定要穿，对这样的顾客，我可以花2~3个小时，想方设法帮她选到合适的鞋。当把鞋子交给她的时候，我会补充一句：“晚会结束回家的时候，可能会觉得脚疼或者特别累，到时候就打车回去吧！”

我曾经接待过一位要买鞋参加毕业舞会的顾客。关于下个月就要到来的毕业舞会，她和我聊了很多，看得出来心里充满了期待。当知道顾客要穿粉色蕾丝裙子的时候，那一瞬间，我脑海里闪过了一双进口鞋的影子。

“盛大的舞会一定要穿蕾丝的浅口鞋。”我觉得再没有比这双鞋更适合那件礼服裙子的了。我很少这样断言，但毕业舞会是一个难得的机会。每个人的一生中都会有一个珍贵的时间，留在记忆深处，永不遗忘。为了让那位顾客从头到脚熠熠生辉，我为她选择了那双鞋。虽然是一双重时尚不重功能的鞋，但我希望那位顾客在那个重要的时间里，比任何人打扮得都漂亮，给自己一个美好的回忆。

进口鞋不合脚怎么办

进口鞋无论是颜色、款式，还是材质，各方面都没得说，所以经常让人看着看着就爱不释手。

卖场里有些顾客专门就是冲着进口鞋来的。当然，只要鞋合脚，冲着进口鞋来也没什么，可有些人并不是为了合脚，只是为了款式时髦才来买的。

国外的鞋多用英寸来表示尺码，做鞋用的模型（鞋楦子）从 A 到 H 左右，尺码非常多。但在日本销售的，却只是其中的一小部分。特别是时尚女鞋的尺码，以 B、C、D 居多，与日本鞋相比，基本上都偏瘦。前面提到过，日本人脚的尺码多为 E 或者 2E 以上，所以很难在进口鞋中找到适合日本女性的鞋。

如果顾客穿日本鞋要穿 2E 以上的尺码，却想买进口鞋的话，首先我要跟她讲清楚日本进口鞋的情况。有些顾客听了以后就不买了，有些顾客却依然坚持要购买。如果顾客无论如何都要买的话，我会给她推荐比脚长大一码的鞋，让脚宽也能稍微大些，里面再稍作调整。

虽然如此，但因为尺码原本就有些勉强，所以穿起来不可能非常舒服。即使脚宽合适，脚心处也贴合不上。要是尖头鞋的话，本来脚尖处有 1 厘米或者 1.5 厘米的余裕最好，但因为鞋长选大一码，所以有 2 厘米左右的空余。这样的话，上台阶等的时候就会碰到鞋尖，导致鞋头弯曲。不但容易受伤，鞋头翘度（鞋尖翘度）也会变大，脱下来以后就会发现，鞋头严重变形。

听了我的解释后仍然坚持购买的顾客，我会叮嘱她："穿鞋的时候一定要小心台阶。"

在喜事、法事场合穿的鞋应该如何选择

喜事有很多种，很多顾客为了挑选参加婚礼和晚会当天穿的鞋来到卖场。

如果顾客要参加婚礼，我会先说一句：“您一定很期待吧。”顾客如果是新人亲属的话就先说一句“恭喜恭喜”，然后再问是否决定了穿什么衣服，如果决定了再问一下礼服的颜色、形状、款式、质地等。其中最重要的是裙子的长度。一定要问清楚裙子是长裙、短裙，还是中裙，然后考虑与鞋跟高度的协调性。“如果是长裙的话，最好鞋跟的高度也稍高一些，以保持和裙子长度的协调。”“如果是短裙的话，不要配太高跟的鞋，稍矮点的跟穿起来会显得比较可爱。”

参加结婚仪式的亲属，最好穿不露脚趾的浅口鞋。如果礼裙质地较轻，鞋也要选择侧空鞋或者后带式鞋这样轻盈的款式才搭配。长款晚礼服比较华丽，所以鞋也要选择漆皮鞋或者莱茵石鞋，进一步提升晚礼服的华丽感。凉鞋和凉拖过于休闲，给人的感觉应该是光着脚穿的，所以有的场合尽量避免比较好。

“我的礼服样式简单，没有任何特点，配什么样的鞋才好呢？”有时候顾客这样问我。这个时候我要知道顾客用什么包和佩戴什么首饰，建议鞋的材质要与包的材质相同，颜色要搭配，或者通过佩戴首饰及饰品等，营造一种

华美的感觉。

重要的场合还有孩子的开学典礼和毕业典礼。毕业典礼的时候，因为要表达“一直以来承蒙关照”的心情，所以场面比较庄重，衣服的颜色以黑色、藏青色、白色为主，鞋一般也选素面高跟鞋。相反，开学典礼、上幼儿园等等，是新生活的开始，所以衣服可以选择粉色套裙等鲜艳的色彩，鞋也要搭配亮色。

除了喜事，我也简单说一下参加法事应该穿什么鞋。

很久以前有这样一位顾客，因为怕脱鞋以后别人看见自己穿的不是名牌鞋不好意思，特意在守夜的前一天匆匆忙忙赶来买鞋。当然，现在基本没有那样的情况，只要是黑色的素面鞋就可以。但是有一点，漆皮鞋、蛇皮鞋和鳄鱼皮鞋是禁忌。还有，最好避免穿黑色配白边或者时尚感很强的高跟鞋。通常都穿黑色素面鞋。老年人如果穿不了浅口鞋的话，只要是皮鞋，系带或不系带都没关系。

第4章

我眼中的专业人士

只有获得顾客的认可，才能称得上是专家

到本章为止，我主要以卖场里接待顾客的方式为中心来进行论述的。在本章中，我将把焦点对准接待顾客的人，也就是店员。

现在正在从事销售工作的诸位，你们觉得自己够专业吗？就算自己有这份自信，但如果得不到顾客的认可，就不能说自己是专业的。

“你和别的店员的待客方式不一样，真不愧是专业人士啊！”我认为，只有得到顾客这样的认可，我们才是真正意义上的专业人士。

如果有人认为，自己已经取得了售鞋顾问的资格，所以已经成为售鞋方面的专家了，那就错了。虽然为了取得售鞋顾问的资格，学习了测量以及足部知识等等，但并不能因为会测量就认为自己已经成为了专家。虽然会测量，但是接待顾客不熟练，顾客就不会满意。虽然能够正确地测量脚的大小，但如果不能为顾客选择一双合适的鞋，顾客是不会信服的。

不仅是测量技术，还要熟悉关于脚和鞋的知识，并且要在此基础上思考怎样才能为顾客挑选合适的鞋，这才是最重要的。

一般顾客会认为，既然卖鞋，就应该了解脚和鞋的相关知识，这是理所应当的。所以既然我们成为了售鞋的店员，就应该学习脚和鞋的相关知识，为了顾客每天坚持不懈地学习，这样才能更加接近专业人员的水平。通过坚持不懈的努力，总有一天会得到顾客的赞赏“真不愧是专业人士啊！”到那个时候我们可以挺起胸膛，堂堂正正地说：“我是鞋子方面的专家！我是销售专家！”

与顾客交流的乐趣胜过销售商品

我非常喜欢销售这份工作，好像是从小就喜欢吧。我记得还是小学生的时候，每次去卖鱼的叔叔家玩，我都会对上门的顾客说“欢迎光临”。

后来上了中学，每年夏天，我都要去住在江之岛的姑姑家，主动要求为那些在“海洋之家”洗海水浴的客人拿换衣服的篮子，给顾客端咖喱饭等。好像从那个时候起，我就体会到了为别人服务的乐趣。我是打心底里喜欢销售这份工作的，即使是现在，每次回到以前工作过的地方，还忍不住心里发痒，跃跃欲试呢。

究竟销售工作的什么地方这么有魅力呢？两个素未谋面的陌生人，可以针对同一件商品展开交流，虽然顾客和店员立场不同，但却以同样的心情去谈论某件商品，对我来说，这就是销售最大的魅力。

所以，我认为作为店员，最重要的就是通过销售商品，与顾客进行交流。能否销售出商品只是结果，是交流的衍生物。

很多跟我交往多年的顾客都说，“和久保田在一起真开心”。这也许是因为我一直认为与顾客的交流远远胜过销售商品，而顾客也体会到了这一点吧。甚至有人为了和我聊天，特意购买定期券（可以理解为一种“一定期间内全包优惠券”，服务的项目多于我们中国通常的三包服务，例如鞋子保养、鞋跟更换等等。——编者注）。事情是这样的。有位顾客总是说，“今天我可不买东西呀”。却频繁地来找我聊天，因此她的丈夫说建议：“既然你那么频繁地去久保田那里，不如买定期券更便宜。”于是她立即买了定期券。

还有位顾客看到我因为营业额而愁眉不展，就说：“你有什么想卖的，什么都行，拿出来给我看看。这点钱我还是有的。”

当时我因还差一点点销售额就达到目标，正在苦恼，这位顾客帮了我的大忙。

这样的顾客还有很多，她们之所以愿意来我这里，是因为与卖鞋相比，我更珍惜与顾客的交流，更重视与顾客之间的情谊。为了能够不断提供令顾客满意的鞋子，我日复一日地努力着。

店员工作开心，顾客购物舒心

一旦被分配到鞋类卖场，每天都要在那里工作。如果我们觉得在卖场工作不开心的话，顾客来购物也不会觉得舒心。无论哪个卖场都一样，店员工作起来觉得开心，这点非常重要。

大多数人选择销售这份工作，都是因为喜欢与他人接触的缘故吧。事实上，如果不喜欢与人接触，是做不好销售这份工作的。只有对人感兴趣，才能想象到如果顾客穿上这双鞋该有多么高兴，正因为喜欢人，才能与对方产生共鸣，才能对顾客寄予同情："找不到合脚的鞋，您一定很苦恼吧。""脚一定很疼吧。"

对商品也是如此。如果不喜爱商品，就很难做好销售这份工作。只有喜欢商品，珍惜商品，才能发现商品的优点。

"请把鞋拿在手里，试着说出你喜欢的五个部分。"有人让你这样做的时候，如果你喜欢鞋子，瞬间就会想到许多优点。"线条很有女人味"，"黑色与粉色对比鲜明"，"脚跟处轮廓清晰"，"鞋跟非常性感"，"粉红色的莱茵石使脚下熠熠生辉"等等。但如果对鞋不感兴趣，可能就会想"嗯……从哪儿说起好呢"。

看不到鞋子的优点，是因为对鞋子不够喜爱吧。这样的话即使卖鞋，也感受不到任何乐趣。但如果喜欢鞋，就会想法设法为它找到一位合适的买主，光是这样想，也能让人雀跃不已。

我刚进公司的时候被分到食品部门，在日本酒和洋酒卖场工作了一段时间。当时为了了解酒的味道，我做了各种尝试，学了很多东西，最后爱上了酒。即使现在也能张口就说出酒的优点“Logo 的设计很有个性”，“不辣，很好喝”，“酒瓶的造型很特别”，“非常醇香”等等。正因为喜欢该商品，所以才能马上说出这些！

调动自己的积极性

现在，我的工作是对全国的百货商店和鞋店的店员进行教育培训。令人遗憾的是，我发现很多店员工作得并不开心。“每天在这里工作，你觉得什么地方让你最开心？”“啊？！这个我从来没想过。”有人这样回答。

“一天之中，在这里的时间是最长的。如果觉得工作不开心的话，上班岂不是变得很无聊？你一定有这样的时候吧，这件展品，是不是看着觉得很开心？是不是想象自己家里装偶人的柜子或者摆偶人的架子一样，按照自己的想法去摆放？那就试试重新摆放一下展品怎么样？”听我这样说，大家都小心翼翼地问：“可以重新摆放吗？”“当然了，试试看吧！从把这个地方交给你负责的那一刻起，你想怎么摆就怎么摆。今天是想卖这个，还是想主推新来的商品，一切随你。怎么样，是不是觉得很有趣？”

有人从来没想过自己动手摆放展品。但是，在我的建议下尝试以后，觉得非常有趣，渐渐地开始自己思考。比如说，喜欢鞋的这里所以把鞋摆到前面去，颜色非常可爱所以想加以装饰等等。店员的意识在一点一点发生变化，看得出来表情也变得越来越愉悦。这份快乐也感染了我。当自己亲手摆放的商品销售出去，会更加高兴，而且越发能体会到工作的乐趣。

“按照您说的，我把商品摆到前面去，真的卖掉了！”“我这样做，真的成功了！”大家高兴地告诉我。我知道她们的思维方式发生了变化。

另外，为了让大家更容易理解何为时尚，我让大家在换制服之前，穿着自己的衣服集合。然后我说：“看看，你们没有人穿同样的衣服。虽然穿上制服看不出来，但是穿便服的话就能明白，其实每个人都有自己的个性。你看中了这件衣服的哪一点才买的？颜色、款式、还是质地？买鞋也一样。顾客来买鞋，也要看上鞋的颜色、款式或者质地才会买。所以如果能和顾客一起考虑鞋的款式等优点，并给出建议的话，接待顾客也会变成一件开心的事。”

虽然道理已经明白了，但是究竟要怎样做，自己才能工作得开心呢？很多人并不知道具体的方法。我认为，首先应该调动大家的积极性。

店方想要提高营业额，所以请我对员工进行培训。但如果店员本身并不知道工作意义的所在、工作起来并不开心的话，我也无能为力。 如果店员本身对鞋和顾客没有感情的话，营业额也不可能提高。 所以我从一开始就对店方说明，调动店员的积极性是先决条件，是各种条件中的关键。

我认为，在店员培训中，除了拿鞋方式和试穿等基本知识以外，发挥店员各自的长处也很重要。 现场指导的时候，我亲自示范卖鞋，让店员从我的销售方式中学到东西。

“您是怎样做到如此出色地接待顾客，轻松把鞋卖掉的呢？”大家都非常吃惊。 实际操作远远比语言的解释更能加深理解，所以我把这种方法应用到我的指导当中。

职场交流

我认为，一旦体会到销售商品的乐趣就再也停不下来，这才能称为“待客服务行业”。

“上次多谢你，帮我挑选的鞋，穿起来非常舒服。”听到有一位顾客这样称赞自己，就希望下一位顾客也这样说。 要想接待顾客工作做得好，最重要的是在实践中多学习。 被人称赞是一件高兴的事，所以我一定会努力。

“你仓库整理得不错！”因为上司一句表扬的话而精神百倍，干劲儿十足，这样的店员我见过好几个。所以我也总是表扬部下的优点。比如“你打扫得真是干净啊”，“展品摆得不错”，“你刚才接待顾客做得不错嘛，卖出去2双呢”等等。

当然，也有相反的时候。“顾客那样说的时候，你最好这样回答”，“你对顾客的那种说话方式可不行”等等，有时候我也会提醒店员或者提供建议。我也曾经让擅长招揽顾客的店员和不擅长招揽顾客的店员结成一组，在工作中互相学习。

不管怎样，我希望店员能够了解，上司一直在关注着你，你做得好他会表扬你，你失败了他会帮助你，所以你一定要好好干！

如果有店员愿意为之努力的上司存在的话，店员的工作热情就会高涨。我刚工作的时候，我的科长就是这样的。后来我也当了科长，这回轮到我的部下来认可我，在各方面协助我工作。我很幸运，有那么多的部下愿意为协助我而努力工作。

在职场，与同事在一起的时间要比和家人在一起的时间长，所以店员之间就像家人一样。正因如此，大家一定要把心拧成一股绳。下班之后，我经常带着部下出去吃吃饭、喝喝酒，这也是为了加强大家之间的交流。

从外人来看，店员能够用欢快的语调异口同声地向顾客问好，这样的卖场，店员之间的交流也一定十分到位。相反，如果卖场给人一种阴暗忧郁的感觉，店员的表情也一定不会阳光。

粗鲁的店员招来粗鲁的顾客

我对店员要求最严格的事情之一，就是店员对待鞋子的方式。

“最近，不爱惜鞋的顾客越来越多，这是为什么？”在一家店，我这样问店员。这样的顾客之所以增加，应该是因为店员的举止动作存在问题。

针对这个问题，我给大家举了一个例子。高级酒店和街边的面馆，服务员给顾客倒水的方式截然不同。在面馆，即使服务员把装水的杯子“咚”地一声放在顾客面前，也没有人介意。但是如果在高级酒店发生同样事情的话，顾客一定会大吃一惊，不由自主地望向服务员。

鞋类卖场也是如此。在上万日元一双的高价进口鞋店，如果店员不爱惜鞋子、动作粗鲁的话，顾客肯定会想：“这是一家什么样的店啊？”

“不爱惜鞋子的顾客在增加，对此我们必须深刻反省。去高级女装店，绝对看不见不爱惜鞋那样的顾客。看着那些粗鲁的顾客的身影，如同在看我们自己。有这样粗鲁的顾客，肯定是因为有粗鲁的店员。”我这样解释。

因为顾客会这样想，连店员自己都不爱惜、粗鲁地对待商品，我再粗鲁、再不爱惜也没关系吧。所以我并不是想说顾客的无礼让我无语，而是我们应该把顾客当成我们的镜子，认真反省自己。

“粗鲁的店员招来粗鲁的顾客”，请大家把这句话时刻铭记于心，要认真接待顾客。

对自己负责

有人认为我是一个对工作要求严格的人，这也许是因为我对自己本身的要求比较严格的缘故吧。我特别讨厌松懈散漫，决定的事情一定要严格遵守，正确的事情一定贯彻始终。我从进公司到退休，没有一次迟到或早退，除了一次急性阑尾炎，我从没有因为家里的事情突然请过假。

我 18 岁进入公司，第 5 个年头、23 岁的时候结婚，24 岁辞职，但是结婚仅仅一年半，婚姻生活就走到了尽头。于是，我重新开始在西武百货商店工作，就在我由临时工转为正式工的时候，一直帮我照顾女儿的母亲由于癌症去世了。说实话，当时我真不知道如何是好，从此以后只能靠自己了。我晚上回家最早也要 8 点以后，所以必须找人为年仅 3 岁的女儿解决晚饭问题。一周当中，周六、周日我把女儿放在姐姐家，有 3 天让女儿在她的朋友家或者邻居家吃晚饭。剩下的休息的 2 天我要一心一意尽到做母亲的责任，把时间都用来陪孩子，这样的生活一直持续到我 35 岁再婚为止。

现在的人都可以毫不掩饰地说“我离过一次婚”，但当时那个年代，我必须隐瞒我是一个单身妈妈的事实。有了孩子依然工作的女性本来就少，并且女性成为领导者的也很少，所以像我这样能当上科长的更是罕见。为了依靠高收入过上衣食无忧的生活，我必须像男人一样工作，出人头地，我在工作上付出的努力是一般男人的 3 倍以上。

当然，工作的时候也会担心孩子。但这和顾客没有任何关系。不管是男性还是女性，未婚还是已婚，有没有孩子，这些都和工作没有关系。我一直抱着这样的信念坚持工作，面对上级和同事，我直抒己见，认为不对的事情就直接说出来，不在心里有任何保留。

现在，边育儿边工作的女性越来越多。和我那个时代不同，现在的公司会把产后 1~2 年作为育儿假期，支持正在工作的妈妈。现在的环境真是比我那个时候好太多了。

总之，工作的时候人人平等。无论发展到哪个时代，对自己负责，都是最重要的事情。

对待投诉，最初的处理方式是关键

这是前几天的事。在我曾经工作过的卖场，我撞上了这样一幕：一位顾客正在跟店员发脾气。这位顾客是一位医生的妻子，也是我们的老主顾。“爱找借口的店员太多了。医生可不会听这些借口的。我讨厌你们跟我找借口！”

确实，有些店员对顾客说的话，总是“这一点我清楚，但是……”这样辩解的店员特别多。我从不恭维别人，不怂恿别人，也绝不会找借口。对于纠纷或者投诉，“不能逃避，不能辩解，要从头到尾听完顾客的意见。”我总是这样对店员说。

可以这样认为，顾客生气和抱怨，90%是因为店员或者店方有问题。单是递名片的方式不对，也可以成为顾客投诉的原因。

顾客之所以投诉，是希望店方进行反省，认识到错误，并采纳顾客的意见，在此基础上，找到改进的办法。同进行投诉的顾客相比，那些一言不发的顾客反而更恐怖，以后再也不会光临卖场了。所以，一定要理解投诉的顾客的心情，面对纠纷和投诉，店员一定要认真对待。

有这样一件事，某位顾客，在其他楼层的卖场有了不愉快的经历。她从自动扶梯上跑下来，直奔我这里，“今天怎么这么倒霉！”她生气地说。顾客正在气头上的时候，首先要让顾客冷静下来，所以不能站在原地不动，我把她带到卖场最里头，请她先坐下。

让顾客冷静下来非常重要，以免让其他顾客看到，会感到不快。

据顾客说，她在 8 楼餐厅吃饭的时候，饭菜都凉了，一点也不好吃；到 7 楼用现金还信用卡的时候，店员像抢钱一样一把就把钱抓过去了；去 4 楼女装卖场，想着衣服下摆应该改好了吧，结果到那一看，还没改好；到 3 楼内衣卖场，前几天买的内衣不合适想要更换，结果遭到拒绝，说是直接接触皮肤的内衣无法退换。然后她来到 2 楼，没想到看见了我，觉得不发泄一下不行，所以就进来了。

顾客气得不行，扯着嗓门一口气说了这么多。在这个过程中，我准备好笔记，跪在地板上，手放在大腿上，始终保持着这个姿势，听她发泄。除了偶尔附和一句“这点我会转告 8 楼”，“这点我会转告女装卖场”，“是吗，怪不得你生气呢”以外，一直到最后，我一不反驳二不辩解，否则只会让她更生气，时间越拖越长。对待投诉，处理方式是关键。最初接待投诉的人一定要从头听到尾。如果不能处理的话，要马上向上级报告。

也许是发泄过后心情平静下来了吧，那位顾客没有留下姓名和住址就走了。几天以后，就在我快要忘了这件事的时候，扶梯上传来了“久保田女士”的叫声。正是那位顾客，也许她是记住了我胸卡上的名字吧。她像换了一个人似的，笑容满面，应该是对我那天的做法非常满意。

店员当中，有人怎么也处理不好投诉，来向我寻求援助。这种情况多数是因为话不投机或者没有理解顾客的心情。

“非常抱歉，我接受您的投诉。再次向您道歉。作为上级我对下属教育不够。我们一定注意今后不再发生类似的事情。”对员工教育不够的上司，有责任保证今后不再发生类似的事情，所以作为负责人，向顾客道歉也是我的工作。

一旦有投诉发生，必须向上级汇报，这是规定。不仅是很明显的投诉事件，就连顾客告辞的时候心情不好这样的小事，也要向上级汇报，这是义务。如果没有及时汇报，就会被批评，“现场的事情你什么也不知道吗？”事情可能会比原来严重三四倍，发展到“把你们领导的领导找来”的地步。

从“初期灭火”这点来看也是如此，无论多小的事情，都要及时向上级汇报。

“黑名单”里的顾客

虽然顾客投诉基本上都是因为店方存在过错，但是也有例外。那就是黑名单里的顾客。

这些人不仅仅在一家店，只要是百货商店，不管哪里，不管什么卖场，都能干出同样的事来。有一位顾客，把在别的店买的、而且是几十年前的一双鞋，拿到我的卖场修理。这是一双深粉色的鞋，顾客说她很喜欢鞋跟的颜色，所以让我们给修理一下。因为不是我们卖场经营的品牌，店员本来拒绝她了，但是架不住她软磨硬泡，不得不答应下来。不过店员也事先说明，即使修理，颜色也会不一致，顾客对此表示了解。谁知修完以后顾客却说："颜色和我想的不一样，我不喜欢。这鞋我不能要了，你给我换一双吧。"

后来我才知道，这位顾客在丝袜卖场也做了同样的事情，她硬说丝袜跳线是因为做工有问题，提出了把袜子送回工厂修补的过分要求。

乍一看，这位顾客态度温和、文雅端庄，怎么看都是一位阔太太，而且也确实住在一所豪宅里。我去她家给她送新鞋的时候，她说："真不愧是久保田女士，品味真不错！我很喜欢，这双鞋我收下了。"

"我希望通过这次我为您选的这双鞋，能让您心情变好。但是，我们在同意给您修鞋之前，已经事先说明了会出现的问题，所以今后非本卖场商品，概不接受修理，这点请您务必理解。"

"知道了。咦，我原来穿的那双鞋你们要怎么处理？”

“那双鞋我会带回去销毁。”

“哎呀，销毁的话，不如送给我怎么样？”

听了这话，我简直怀疑自己的耳朵是不是听错了。

“抱歉，这个可能性不大。 您说不喜欢那双鞋了，让我们给您换一双，所以我才给您拿了一双新鞋来。 您原来的那双鞋现在已经归我们所有，盘点的时候必须计算在内，所以我必须把鞋带回去。”

“是吗，太遗憾了……久保田女士，我没什么朋友，挺寂寞的，你常来玩吧。”

“您真是太客气了。 作为店员，可能我很难有机会再来拜访，我告辞了。”

说完我赶紧离开。

觉得一个人寂寞，想要引起别人的注意，所以才来到卖场，这位顾客应该是这类人吧。

后来那位顾客有几次来到卖场，装出要买鞋的样子，但是一次也没买。

被外表所蒙蔽，误以为对方会是一个好顾客，店方对此必须深刻反省。 通过外表来判断，会判断失误的，这次的事情就是一个教训。

第5章

以理想的卖场为目标

百货商店如今迎来了变革时期，正在发生巨大的变化。东京都中心的百货商店，发生的变化更是惊人。各家百货商店都打出了自己的特色牌，期望在激烈的竞争中取胜。

我曾经参与过卖场建设，因此最后想跟大家说一下如何建设百货商店卖场的问题。百货业正在飞速发展，卖场建设可能会跟现在有些不同，但是基本上应该没有太大变化。我的意见仅供参考。

什么样的卖场容易招揽顾客

“哎呀，这家店真不错，进去看看吧！”

大家都有这样的经历吧。那么究竟是被卖场的哪个地方吸引住了呢？

首先映入眼帘的是橱窗，然后从店外能够看到店内的氛围和摆放的商品。如果这些都不错的话，就会被吸引，不由自主地想要进去看看。当然，卖场处处清洁明亮很重要。店员表情愉悦、做事利落也是很重要的因素。

要想让顾客进入店内开心购物，卖场必须让顾客容易进入，购买方便，并感觉舒适。过道里有没有障碍物，脚下是不是乱糟糟，流线设计是否能让顾客转一圈后浏览到全部商品，这些都要确认好。

我原来工作的鞋类卖场，店面布局的设计呈环形。2楼的一部分是鞋类卖场，卖场内部分成青年鞋、白领鞋、进口鞋和舒适鞋四个区域。为了能让顾客走环形路线购物，将主干通道作为了流线设计的中心，顾客从扶梯上下来后，自然而然就进入了青年鞋卖场，接着就是白领鞋、进口鞋卖场，等转到舒适鞋卖场的时候，也就回到了最初的青年鞋卖场。

但是，能否走环形路线，还要看顾客自己，因此建设一个充满吸引力的卖场十分重要。这就要求我们做到商品丰富、品种齐全和展品感觉良好，而且，从日常用具到椅子和鞋拔子，都要样式精美，使用方便等等。

吸引顾客眼球的展品

为了能够吸引顾客进来，展品要起到让顾客驻足观看的作用。首先是入口处和主通道两侧的展品非常重要，这两处也是店方最为关注的地方。

其次重要的是墙壁上层货架上的展品。这里一般摆放着卖场的主打商品，今年流行的颜色和款式等等。只要店方觉得今年会流行什么，就应该把相应的商品摆上去，吸引顾客的眼球。摆放的商品没有必要考虑大众化，“哇塞，那个粉色好漂亮啊！”能给顾客留下强烈印象就可以。

漂亮的颜色抓住了顾客的心，但实际上畅销的商品却应摆放在下方的货架上。因为人被展示品吸引以后，习惯上视线会从上往下看。“这双看起来不错，试试吧。”因此这样做可以激发顾客的购买欲望，达到我们的目的。

货架上鞋子的摆放方法，每家店各不相同，我那个时候比较正统，都是鞋尖朝前、径直摆放的。鞋的数量也有规定，每个货架摆放 6~7 双。现在，如果一个款式的鞋有三种颜色的话，可以 3 双为一组进行摆放等等，需要多费工夫。另外，如果鞋跟部位很有特色的话，可以鞋跟朝外摆放，突出强调鞋跟。总之，鞋的摆放变得越来越有个性。但是有一点需要注意，那就是不要把鞋内侧朝外摆放。因为从款式上来说，很多浅口鞋在这个位置都有接缝，不太美观，所以不要把接缝露在外面。

日本独特的店面装修方式

我曾经在一次大规模的店面装修中担任负责人。为此，我特意赶到位于美国西雅图的一家装修公司，向美国的设计师表达我的构想。

我构想的是“在宾馆的大厅，可以让顾客悠闲自在地买鞋”。我想把卖场装修成“顾客在轻松自在的氛围中，愿意花时间来买鞋子”的样子。

我之所以想把卖场打造成这样，是因为想到了一个反面教材——我曾经工作过的一个卖场。在前面的章节当中我曾经提到过这个卖场，女白领们把时尚杂志上的鞋的图片剪下来，拿着图片来到店里，连试也不试，直接对店员说：“我要买这双鞋。”作为店员，我对这样的买鞋方式与卖鞋方式不敢苟同。我希望顾客能够静下心来，不慌不忙仔细地选鞋，同时也希望店员能认真地接待顾客，所以我把卖场想象成宾馆的大厅，从照明器材到日常用具和椅子等，使用的都是令人感觉安静典雅、高档的物品。

可是，有很多地方，美国的设计师无论如何也无法理解。因为日本和美国的装修方式不同。比如说收银台，西雅图的百货商店里没有收银台，美国人一般都用卡来支付，所以没有必要设置收银台。但在日本，人多的时候，收银台前会排几条长龙。我跟设计师说了这一点，可他就是觉得没有必要，怎么也理解不了。

足部护理室和测量用的小房间也是一样。特别是测量用的房间，设计师不明白为什么非要特意设置这么一个房间。我跟他解释说，有的顾客脚部有问题，不喜欢在别人面前测量，也有人觉得在单独的房间测量，有一种被特别重视的感觉，心里很舒服。这一点设计师好像也无法理解。

其他的还有镜子。在日本，有时候小孩子会在卖场里来回跑，为了防止受伤，特意在墙壁上安装镜子。但在美国，根本没有小孩子逛商场，所以这一点设计师也无法理解。鞋拔子也是一样。在日本，绝大多数的顾客都自己穿鞋，所以有必要多设一些挂鞋拔子的地方。但在美国，是店员拿着鞋拔子帮顾客穿鞋，所以这一点设计师也不能理解。

但是，毕竟我们面对的顾客是日本人。我拼命争取，最后终于实现了我想要的设计样式。

从女性的视角考虑

女鞋卖场的顾客都是女性。装修的时候，我从女性的视角考虑，把“让女性顾客觉得舒适”放在第一位。所以，即使是椅子，我也煞费苦心。特别是进口鞋和舒适鞋卖场，我希望顾客在安静祥和的氛围中，优雅地选鞋。为此我特别订购了宽大舒适的椅子，让顾客仿佛置身于宾馆大厅一般。顾客也说，坐在这样的椅子上，即使是店员特别忙、自己不得不等的时候，也不会觉得烦躁，能够心平气和。

“我过一会儿也行，就坐在这里等着，你先忙别的顾客吧。”顾客这样说，并且一直坐在那儿等我。

“真的，这里的椅子坐着真舒服！”好几位顾客都这样说。

椅子的高度也是我考虑的细节。太高的话顾客的腰会疼，太低的话，如果顾客穿着迷你短裙的话就会走光。

所以，坐的时候膝盖比 90 度稍高一点，我选择了这个高度。另外，也有些顾客是在食品卖场买完东西以后过来的。所以椅子的材质我选择了合成皮，这样即使放东西的时候汁水洒出来也能擦干净。因为选真皮太过昂贵，选布艺则不好打理，没法处理。

还有一个我非常在意的是大理石地面。在进口鞋卖场前，有一个像舞台一样的圆形区域，那里我用了大理石来铺地。其他的地方都铺着地毯，走路的时候鞋的细跟容易被地毯勾到，大理石地面则没有这样的问题，所以无论如何这个地方我都要用大理石。试穿的时候，让顾客走过去，告诉顾客："在这上面走路，既不会滑倒，鞋跟也不会摇晃，跟在室外走路感觉一样。"听了我的话，顾客也会放心买鞋。

这里有时也会变成活动会场，请来讲师，开设讲座，另外还举办过迷你时装秀。

在前面我提到了鞋类卖场是环形的，因为能够让顾客浏览一周的流线布局非常重要，装修的基本原则也是一样，要进行隐形空间的划分。青年鞋、白领鞋、进口鞋、舒适鞋这四个卖场，拥有各自不同的顾客。如果装修相同，就会发生年轻人跑到进口鞋卖场的事情，顾客之间也会觉得别扭。为了避免这一点，我有意识地做了一些改变。青年鞋卖场，墙壁颜色鲜亮，椅子用休闲款式；进口鞋卖场，为了突出高级感，墙壁用稳重的褐色，椅子也选单人款。根据顾客的不同气质，卖场进行了划分。

离开卖场以后，我也会经常回到这里，甚至每周都想回来一次。因为这里让我感觉舒适，就像回到自己的家一样，十分安心。

不断变化的销售体系

百货商店的鞋类卖场的店员，主要由百货商店的员工和商户的员工构成。以前很多都是百货商店自己的员工，但现在大部分都是商户的员工。

一直以来，百货商店都是出租场地，为商户提供卖场，然后收取营业额的一部分作为租金。但现在，这种做法已经行不通了。

问题就是，店员只卖自己公司的商品。我在卖场工作的时候，我和商户的员工之间有一位经理，她是正式员工，负责指导我们销售商品。但现在，就算卖场相邻，只要是别的公司的商品，店员是不会积极主动去卖的。虽然有时候，是因为不了解别的公司的产品，无法承担责任。同为竞争对手，只卖自己公司的产品虽说也是理所当然，但是如果大家都认为只要自己卖得好就行，别人卖得好不好和自己无关的话，那么鞋类卖场整体的营业额就会受到影响，无法提高。

而且，这对顾客来说也不是什么好事。顾客并不知道存在这样的销售体系，她们觉得店员都是一样的。这双鞋没有顾客的尺码，顾客就会指着旁边商户的鞋说“拿那双鞋给我看看”，这个时候，店员就换成了旁边商户的店员，顾客必须重新挑选一遍。

因此我推测，今后百货商店可能会从出租场地向自主进货和自我销售的方向转变。

关于库存，我也说几句。库存的管理非常重要，甚至会影响到营业额。

库房里面，不同尺码的鞋按照品牌款式摆放在架子上。鞋盒上都有编号，店员只要看编号就知道是哪双鞋。最近，有的鞋盒上还画有商品图案，更能让人一目了然。

我工作过的卖场，每个款式的鞋从 22 码到 24.5 码排成 1 列，每列 6 双，按照尺码的顺序，摆放在库房的架子上。所以，看看架子上哪儿空了，就知道哪双鞋好卖，哪双鞋不好卖。

另外，我们还有单品管理账簿。将从 22 码到 24.5 码的鞋制成表格，配有款式号码和鞋的图片，卖掉了就打个叉。这样，哪双鞋卖得好，哪双鞋卖得不好，也能马上知道。

随着科技的发展，只要把顾客想要的商品输入电脑，即使不用去库房，也能当场了解库存的情况。

而且，即使存在库存，也并不是要把货物全部卖掉。

特别是像 23 码和 23. 5 码这样畅销的尺码，不能卖光了也不进货，而像 22. 5 码和 24 码这样的尺码即使没卖完也要下架，等到大甩卖的时候再拿出来销售。

大甩卖时出售的鞋

百货商店每年肯定会举行两次大甩卖。 地点就在鞋类卖场。 虽然展销厅里有时也有大甩卖的情况，但和原来鞋类卖场的大甩卖有本质的区别。 有一些所谓的“专业打折”的商户，在此出售过季的货品。 因为大甩卖打的是价格战，所以不要过分期待商品的质量。

与衣服和家电商品一样，鞋子在最开始的时候，也是按正规价格来销售的，随着时间的流逝，价格逐渐下降。作为店方，即使降价也想把全部商品都卖出去，于是就有了大甩卖这种方式。 所以，特卖品，主要是指反季商品，正因为反季，所以才降价销售。 物美价廉，这才是大甩卖。

当然，百货商店是不会把有瑕疵的商品拿出来甩卖的。 因为顾客会投诉。 虽说是大甩卖，但只要商品有问题，店方都会处理，绝不会因为是甩卖商品就置之不理。

每年 6 月末到 7 月初，进行的是春夏商品大甩卖。 如果有中意的鞋赶紧买，因为还能穿 1~2 个月呢，从这个意义上来说会很划算。

大甩卖的时候，来买进口鞋的顾客特别多，很多人等的就是这个时候。甚至有攒好钱、一次就买 10 双的顾客。也有专买打折品，让我们邮寄打折通知单的顾客。另外，专买进口品牌的顾客，对鞋盒也非常讲究，虽说是大甩卖，也要求把鞋装在进口的鞋盒里。因此，这些进口鞋在打折的时候，连鞋盒都要提前准备好。而且，鞋盒的钱都包含在鞋的价格里面，进口鞋的话，有的光鞋盒就值几百日元。

大甩卖的时候，普通尺码还好，小码鞋和大码鞋的数量很少，想买这两种鞋的顾客恐怕希望不大。理由如下：百货商店在进货的时候，虽然从 22 码到 24.5 码等 6 个种类的尺码都有，但尺码不同，数量也有差异。例如，最小的 22 码和最大的 24.5 码，因为需求较少，所以各进 1 双；而 23 码和 23.5 码是畅销品，所以各进 4 双。基于这个原因，想要这两个尺码的顾客，通常早早下手，否则等到大甩卖的时候就全卖光了。

大甩卖的时候，顾客非常多，拥挤混乱。尽管不应该，但是不可避免地会对顾客招待不周。因为椅子不够，就算想帮顾客穿鞋，客观上也很难做到。但是，因为我有多年接待顾客的经验，所以即使这个时候，依然跪着为顾客服务。没想到顾客觉得不好意思，说：“大甩卖的时候就不用跪着了。”听顾客这样说，反倒是我觉得过意不去。

采购的视角

担任卖场科长的时候，我所负责的卖场的鞋，全部由我亲自订货。客户每年都要举办 2~4 次商品展览会，我通过这些展览会，来了解流行趋势，采购商品。另外，我还经常去国外进货。如果我要订购 50 双鞋的话，一定会有 30 双畅销品款式，10 双自己喜欢的款式，还有 10 双是与自己的喜好完全相反的款式。

采购的时候，我总是会选择几双“观赏性鞋”。这样的鞋极具时尚性，普通顾客是绝对不会穿的。虽然这样的鞋基本不具备任何功能，但是价格高昂，堪称绝品，全日本仅此一件。而且，只有欧洲人才敢尝试的颜色和款式，摆在店里非常显眼。我正是为了吸引人们的眼球才特意买的。我相信，顾客看到装饰着的鞋，一定会觉得我们的店与众不同。而且，这样的鞋超级有“范儿”，而这“范儿”一定能够引来顾客，其他鞋一定会卖得很好。所以，为了销售普通的鞋，我特意选择了新奇的商品来展示。

另外，正因为我觉得这样的鞋可能卖不掉，所以一旦卖掉就会特别惊喜，忍不住在心中大喊“太棒了”！我有一种感觉，一定会有一位对时尚极其敏感的顾客注意到这双鞋：“正因为别人都不买，我才要把它买回去穿！”

同时我订购了与自己的喜好完全相反的鞋，是因为如果全是我喜欢的鞋的话，整个卖场会变得过于单调。虽然不适合我，但与我喜好不同的顾客可能会喜欢，所以这样的鞋也有必要摆几双。乍一看好像完全相同，仔细看却有不同的类型隐藏其中，给人一种耳目一新的感觉。以此为契机，其他的鞋也能好卖。正是考虑到这一点，我才订购了与自己的喜好完全相反的鞋。

如果是小店的话，大部分顾客都是因为喜欢这家店才来的，所以即使销售的商品大同小异顾客也不会介意，但百货商店却不行。顾客各种各样，平时只穿黑色鞋子的顾客，可能突然想要尝试一下红色，要想满足顾客的需要，商品的种类必须丰富。

其实，即使是我当科长的时候，商品采购也是由采购员来负责的。只不过因为我每天接触顾客，对顾客非常了解，所以才特意要求亲自去采购。

陪同顾客购买衣服和饰品

鞋子、衣服、饰品、发型等，这些流行元素相互关联。特别是鞋子与衣服关系密切。正因如此，我经常问顾客要选择搭配什么衣服的鞋。但是，既有犹豫不决的顾客，也有“这双鞋配什么衣服好呢”这样向我咨询的顾客。这种时候我总是说：“要是可以的话，我陪您一起去看看吧。”“哎，真的吗？”陪顾客一起去服装卖场，顾客也很放心，这样的事情时有发生。

或者我问顾客“鞋跟您想选多高”的时候，如果顾客说“裙子的长度还没决定”的话，“要不，我陪您去裙装卖场看一下吧。”然后，我就带顾客去裙装卖场。

不仅是衣服，还有饰品、手包、丝袜等等，有时我也会陪顾客去购买。

当然反过来也一样，“丝袜您想选什么颜色的？”如果顾客犹豫不决的话，“要不，我给您拿双鞋来看看？”于是店员从丝袜卖场来鞋类卖场借鞋。又或者，裙装卖场的店员说：“我对鞋不了解，请你帮忙选双鞋好吗？”于是把顾客带到我这里。

这样的事情之所以会发生，是因为这里是百货商店。卖场之间相互关联，与其左思右想地烦恼，不如拿着商品去其他卖场，帮助选择适合顾客的商品，这样还能让百货商店提高营业额。

虽然我可以拿着鞋子，带顾客去服装卖场，但是我对服装的库存情况并不了解，所以就把顾客介绍给该卖场我比较信得过的店员，然后一个人返回卖场。当然，如果时间宽裕的话，我也会帮顾客参谋一下。

现在，百货商店里面开设了服务台，这对顾客来说十分方便。但是，如果顾客一时找不到服务台，又有事情想要咨询的话，可以依赖的就是卖场的店员，所以我们店员必须对卖场的情况非常清楚，什么商品在什么地方都要了解。

希望顾客们有事情的时候都能来找店员，特别是上午不太忙的时候，利用这段时间与店员多交流，我想您的购物将会变得更加愉快！

后记

选择销售工作的“三个喜欢”

本书读到这里，您有什么感想？ 如果能对您的待客工作起到一点作用，我将荣幸之至。

在本书的“前言”中，我提到了“三项满足”，与培训和演讲相同，有一点我一定要在最后说，那就是“三个喜欢”。 作为本书的总结，最后我想和大家说一下选择销售工作的“三个喜欢”。

我之所以选择销售工作，是因为我有“三个喜欢”。

第一个喜欢，我喜欢人。 能够和初次见面的人微笑致意并展开交流，就是因为我喜欢人。 如果我不喜欢和陌生人说话，我就不会选择销售这份工作。

第二个喜欢，我喜欢商品。 刚工作的时候我被分到酒水卖场，那时我学习了很多和酒相关的知识，并越来越喜欢酒。后来我从事与鞋相关的工作，是因为我原本就喜欢鞋，而且在整个工作过程中，我一直都非常喜欢。

第三个喜欢，我喜欢站在卖场里的自己。从事销售这份工作让我十分开心，十分幸福，我喜欢这样的自己。我希望卖场里的自己永远美丽，所以我把制服穿得比任何人都合体；为了让任何人从任何角度看，我的举止和态度都充满了信任感，我对自己的管理和要求非常严格。我喜欢这样的自己。

任何人，只要选择了一份工作，就应该不会讨厌这份工作。但遗憾的是，很多人会很快辞职，选择其他的工作。好不容易因为喜欢才选择的工作，就这样放弃了，实在可惜。工作做得是否开心，关键在于自己能否找到快乐的自己。喜欢人、喜欢商品和喜欢自己，这就是我所说的“三个喜欢”。通过本书，我衷心希望大家都能找到自己的“三个喜欢”。

最后，本书在写作过程中，参考了“株式会社 Millennium Casting，Inc.”的文本资料。另外，对我作为店员的多年的职业生涯给予高度评价并极力推荐我撰写此书的 KYKLOS 出版社的山口晴之先生和编辑高野知惠女士，借此机会我深表感谢。

久保田美智子

畠山芳雄“管理的基本”全系列

定价：32.00 元

定价：30.00 元

定价：24.00 元

定价：24.00 元

定价：21.00 元

定价：20.00 元

定价：26.00 元

定价：19.00 元

定价：26.00 元

定价：29.00 元